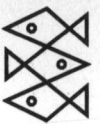

Erst wenn man unter Schlafstörungen leidet, weiß man zu schätzen, wie erholsam Schlafen sein kann. Nicht umsonst riet der Schriftsteller Schleich: »Man verschlafe ruhig die Hälfte des Lebens, man wird die andere doppelt genießen.« Der Autor geht in seinem ebenso informativen wie amüsanten Buch allem nach, was mit dem Schlafen zu tun hat: Er berichtet, was »Schlaf«-Forscher herausgefunden haben, wie man sich betten sollte, welche Methoden und Mittel nützen oder eher verhindern, daß wir gut schlafen, was es mit den Träumen auf sich hat – das Ganze gewürzt mit Anekdoten und Geschichten rund um den Schlaf.

»Das Glück«, so sagt ein Philosoph, »ist geradezu eine Frage des Ausgeschlafenseins.« Ein wohltuender Schlaf ist also keine vergeudete Zeit, wie manche meinen; und wer unter Schlafstörungen leidet, dem sei dieses Buch empfohlen.

Lars Strömsdörfer arbeitet als freier Journalist und hat mehrere Sachbücher veröffentlicht.

Lars Strömsdörfer

Wenn die Seele Ausgang hat

Rund um den Schlaf

Fischer Taschenbuch Verlag

Ungekürzte Ausgabe
Veröffentlicht im Fischer Taschenbuch Verlag GmbH,
Frankfurt am Main, September 1992

Lizenzausgabe mit freundlicher Genehmigung der
Ehrenwirth Verlag GmbH, München
© 1990 by Ehrenwirth Verlag GmbH, München
Umschlaggestaltung: Buchholz / Hinsch / Hensinger
Umschlagabbildung: Pablo Picasso, ›Schlafende Bauern‹, 1919
© VG Bild-Kunst, Bonn, 1992
Druck und Bindung: Clausen & Bosse, Leck
Printed in Germany
ISBN 3-596-11069-6

Ein Buch mit sieben Siegeln

Schlaf! O holder Schlaf!
Du Pfleger der Natur!
Schlaf, o sanfter Schlaf!
Du liebreiche Amme der Natur!
William Shakespeare (1564–1616)

Nacht für Nacht begibt sich der Mensch auf eine Reise durch die Finsternis, von der er erst im Morgengrauen gestärkt und erholt zurückkehrt, ohne zu wissen, wo er unterwegs vor Anker gegangen ist. Weder kann er den zurückgelegten Kurs noch das Ziel seiner Reise beschreiben. Ähnlich wie sein großer dunkler Bruder, der Tod, ist auch der Schlaf immer noch geheimnisumwittert – ein Buch mit sieben Siegeln.

Seit Jahrtausenden weiß die Menschheit um die enge Beziehung zwischen Schlaf und Tod. In der Vorstellung der alten Griechen stiegen nachts die Zwillingsbrüder Hypnos und Thanatos aus dem unterirdischen Dunkel auf, um die Erde zu besuchen. Thanatos brachte den Tod, sein geflügelter Bruder den erquickenden Schlaf.

Auch die Dichter haben nie verkannt, daß wir dem Tod ganz nahe sind, wenn wir schlafen. Wie die Seele des Verstorbenen bricht auch die des Träumers zu einer rätselhaften Wanderschaft auf. »Tod ist ein langer Schlaf, Schlaf ist ein kurzer Tod«, sagt Friedrich von Logau. Und Shakespeare spricht vom Schlaf als vom »erwünschten Tod nach jedem Lebenstag«.

Trotz seiner unheimlichen Verwandtschaft ist der Schlaf oft herbeigewünscht und als große Wohltat gepriesen worden. »Er ist eine Speise, die den Hunger, ein Trank, der den Durst stillt, ein Feuer, das die Kälte erwärmt, und eine Kälte, die das Feuer mäßigt«, schrieb im 17. Jahrhundert Wolfger Helmhard von Hohberg.

Können uns poetische Definitionen helfen, dem Schlaf auf die Schliche zu kommen, seine Geheimnisse zu enthüllen? Wohl kaum. Was also geschieht mit unserem sonst so hellwachen, kritischen Verstand, während wir schlafen? Zwar hat der Philosoph Arno Plack diese Frage in seiner vielbeachteten »Philosophie des Alltags« als kindisch und sinnlos abgetan – ebenso überflüssig wie Erkundigungen nach dem Verbleib des Sturmes bei Windstille –, und dennoch ist es gerade die mit dem Schlaf verbundene Ungewißheit, die vor allem kluge Leute davon abhält, diesen Zustand entspannt zu genießen.

Von dem großen griechischen Denker Aristoteles wird beispielsweise berichtet, er habe bei aufkommender Müdigkeit stets ängstlich nach einer schweren Metallkugel gegriffen und sie fest in der Hand gehalten, bis ihm die Kugel entglitt, weil ihn der Schlaf übermannt hatte. Und jedesmal sei er dann von dem Poltern wieder aufgewacht, womit dieser einfache Anti-Einschlafmechanismus seinen Zweck erfüllt hatte. Denn Aristoteles hatte Angst vor dem Schlaf, den er trotz seines scharfen Verstandes nicht durchschauen konnte. Irgendwann aber wird er doch eingeschlafen sein und das Poltern seiner Kugel nicht mehr bemerkt haben, denn auf die Dauer ist der Schlaf stärker als der menschliche Wille. Irgendwann übermannt er uns alle, die Bösen ebenso wie die Gerechten – gleichgültig, ob er nun gefürchtet oder herbeigesehnt wird.

Jahrhundertelang war das die einzige wirklich gesicherte Erkenntnis über das Phänomen Schlaf, über jenen »periodisch wiederkehrenden Zustand der Entspannung«, wie es dazu im Lexikon heißt. Und einer der führenden Schlafforscher unserer Zeit, der Würzburger Universitätsdozent Dr. U. J. Jovanovic, muß heute zugeben: »Der Schlaf ist jenes Drittel unseres Daseins, in dem wir uns für die Erhaltung und Tätigkeit in den anderen zwei Dritteln erholen. Eine genauere Definition kann noch nicht gegeben werden.«

Dabei haben sich Wissenschaftler unterschiedlichster Sparten schon immer darum bemüht, die vielfältigen Geheimnisse dieses Zustandes zu lüften. Im Dienste der Forschung schlugen sie sich selbst die Nächte um die Ohren, um friedlich schlummernde Menschen und Tiere zu beobachten, wobei sie jede Muskelzuckung, jedes unruhige Herumwälzen auf dem Lager, jeden Seufzer sorgfältig registrierten.

Dabei stießen die Spezialisten schnell an die Grenzen ihrer Beobachtungen. Wollten sie mehr über den Schlaf wissen, dann mußten sie ihre Testpersonen erst aus dem Paradies vertreiben, bevor sie sie über ihre Erlebnisse im Garten Eden befragen konnten. Oder, weniger poetisch ausgedrückt: Die Versuchskaninchen wurden rücksichtslos aus dem Schlaf gerissen, damit sie den Forschern Rede und Antwort stehen konnten. Und oft war dann schon die Erinnerung an das Land der Träume völlig ausgelöscht. So hat das Universalgenie Leonardo da Vinci (1452–1519) schon frühzeitig die Crux der Schlafforschung erkannt, als er fragte: »Was ist das? Der Mensch wünscht es sich herbei, und wenn er es endlich hat, lernt er es nicht kennen.« Natürlich geht es auch bei diesem Rätsel um den Schlaf.

Wie vielen freiwilligen Testpersonen mag beispielsweise ein gewisser Ernst Kohlschütter in der zweiten Hälfte des 19. Jahrhunderts mit seinen Experimenten auf die Nerven gegangen sein? Unmittelbar neben den Ohren der Schlafenden trommelte er alle dreißig Minuten mit einem Hämmerchen auf eine Schieferplatte – zuerst leise, ganz behutsam, dann immer lauter. Und siehe da, er fand heraus, daß die Probanden um Mitternacht fester schliefen als in den Morgenstunden, in denen sie schon durch leise Geräusche aufschreckten. Kohlschütter gelang es zum ersten Mal, eine graphische Kurve der schwankenden Schlaftiefen zu zeichnen. Er entdeckte, daß sich im Verlauf der Nacht Tiefschlafphasen und leichter Schlaf immer wieder abwechseln.

Ein neues Zeitalter der Schlafforschung begann, als der Psychiater Hans Berger aus Jena 1929 ein von ihm in jahrelanger Arbeit entwickeltes Verfahren zur Messung der bioelektrischen Hirnströme vorstellte – das sogenannte Elektroenzephalogramm (EEG). Mit Hilfe kleiner Silberplättchen, die so auf der Kopfhaut befestigt wurden, daß sie den Schlafenden nicht behinderten, konnte man plötzlich jede Veränderung des Hirnpotentials während des Schlafs messen und aufzeichnen. Auf diese Weise gewannen die Wissenschaftler neue wertvolle Erkenntnisse über den Verlauf des Schlafs, über seine Höhen und Tiefpunkte während einer einzigen Nacht.

Bergers sensationelle Erfindung löste in der Schlafforschung einen wahren Meßboom aus. Neue ausgeklügelte Geräte wurden entwickelt – Instrumente, die heute zur Grundausstattung der wissenschaftlichen Schlaflaboratorien gehören, in denen sich die Forscher vor allem mit den vielfältigen Schlafstörungen beschäftigen.

Jede auch noch so geringe organische Veränderung während des Schlafs kann heute beobachtet werden. Von der kaum wahrnehmbaren Muskelzuckung über das Heben und Senken des Brustkorbes bis hin zum Rollen der Augäpfel hinter den geschlossenen Lidern. Und auch das weiß man: Nicht nur Menschen und Tiere schlafen, sondern auch Pflanzen, deren Protoplasma in einen Ruhezustand versetzt wird, damit sich neue Zellen entwickeln können. Und merkwürdigerweise ergeben sich dann zwischen dem schlafenden Menschen und der schlafenden Pflanze auffällige Parallelen. Die Schlafstellung der Blattstiele ähnelt der Verengung unserer Pupillen. Beide – Mensch und Pflanze – verfallen in eine gewisse Erschlaffung und zeigen dabei den gleichen Klammerreflex: wahrscheinlich eine archaische Reaktion auf die Bedrohungen der Nacht.

Mensch und Tier haben das Vorbereitungszeremoniell gemeinsam, das den Schlaf einleitet. Sie suchen sich ganz bewußt den Ort aus, der für das Einschlafen besonders günstig ist, und nehmen dann eine bestimmte Körperhaltung ein.

Obwohl die Sinnesorgane während des Schlafs weitgehend ausgeschaltet sind, bleiben Mensch und Tier anfällig für gewisse Reize, die ein sofortiges Aufwachen zur Folge haben. Das unterscheidet den Schlaf von der Narkose, von der Bewußtlosigkeit oder von einem hypnotischen Zustand.

Bei der Empfindlichkeit für störende Reize werden merkwürdige Phänomene beobachtet – wie zum Beispiel der sogenannte »Ammenschlaf«. Die erschöpfte Mutter schläft seelenruhig weiter, auch wenn an ihrem Haus eine ganze Blaskapelle vorbeimarschiert, aber sie schreckt sofort auf, wenn sich die Atmung ihres Babys kaum hörbar verändert.

Neben vielen Triumphen weist die Schlafforschung auch dunkle, traurige Seiten auf. Unzählige Versuchstiere mußten qualvoll ihr Leben lassen, weil die Wissenschaftler von der Idee besessen waren, in den Köpfen der wehrlosen Kreaturen das Schlafzentrum zu entdecken: wie man vermutete, eine Art genau lokalisierbare Zentrale, die über Wachen und Schlafen entscheidet. Der Schweizer Physiologe und Nobelpreisträger Walter Rudolf führte feine Elektroden in den Hypothalamus einer Katze ein, erregte diesen Bezirk mit Hilfe von

Stromschlägen und sah, wie das Versuchstier sofort in tiefen Schlaf fiel. Er glaubte, damit das Schlafzentrum entdeckt zu haben.

Heute gehen die Wissenschaftler davon aus, daß es in unseren Köpfen ein komplexes, ausgeklügeltes und nur schwer eingrenzbares Schlaf-Wach-System gibt, bei dem ganz bestimmte chemische Substanzen eine entscheidende Rolle spielen, die über Wachen und Ruhen entscheiden. Gemeint sind die sogenannten Neurotransmitter, die chemischen Botenstoffe des Nervensystems. Sie leiten nervöse Impulse von einer Nervenzelle zur anderen weiter.

Das Spektrum der Neurotransmitter unterliegt ebenso wie der Hormonspiegel ganz bestimmten Zustandsveränderungen, die sich in regelmäßigen Abständen wiederholen und immer wieder die gleichen physiologischen und biochemischen Prozesse auslösen. Müdigkeit und Wachsamkeit richten sich also nach unserer biologischen Uhr, deren präziser Gang wahrscheinlich in unserem Erbgut verankert ist. Im Gegensatz zu vielen Tieren spielt für den Menschen und sein Schlafbedürfnis der Wechsel von Tageslicht und Nacht nur eine untergeordnete Rolle.

Im Rahmen eines wissenschaftlichen Experiments ließen sich Studenten dreißig Tage lang in einen unterirdischen Bunker einsperren, in dem sie von der Außenwelt völlig abgeschnitten waren. Sie durften weder Uhren noch Kalender mitnehmen. Obwohl sie bald nicht mehr wußten, ob es draußen Tag oder Nacht war, arbeiteten ihre Körperfunktionen mit kleinen Abweichungen im üblichen 24-Stunden-Rhythmus weiter.

Wer gegen seine innere Uhr lebt, wer den körpereigenen Aktivitätsrhythmus ständig mißachtet, läuft Gefahr, schwere psychische und organische Schäden davonzutragen. Zahlreiche Schichtarbeiter können davon ein Lied singen.

Von großer Bedeutung für den Schlaf sind auch soziale Faktoren und die Umwelt. Die Verpflichtungen des Alltags sind es, die weitgehend die Stunde des Zubettgehens und des Aufstehens bestimmen. Nach einem arbeitsreichen Tag legt man sich zur Ruhe, weil man am nächsten Morgen frisch und munter im Büro, in der Werkstatt oder im Laden erscheinen will. Und die Nachbarn halten es ebenso.

Eine der wichtigsten Erkenntnisse der modernen Schlafforschung aber lautet: Schlaf ist nicht gleich Schlaf. Dieser Zustand hat viele ganz unterschiedliche Gesichter. Die Experten kennen den »langsamen« und den »schnellen« Schlaf. Diese Bezeichnungen haben nichts damit zu tun, ob jemand sofort nach dem Zubettgehen einschläft oder ob er lange auf den erquickenden Schlaf warten muß. Vielmehr leiten sich diese Begriffe von den Gehirnströmen ab, die das EEG in den verschiedenen Phasen einer Nacht registriert.

Langsamer Schlaf ist danach durch langsame Delta-Gehirnströme gekennzeichnet; bei schnellem Schlaf registriert das Meßgerät schnelle Beta-Wellen, die denen des Wachzustandes ähneln. Darum nennt man diesen Abschnitt auch »paradoxen« Schlaf oder REM-Phase. REM ist die Abkürzung von »rapid eye movement« (schnelle Augenbewegung). In dieser Schlafphase träumt der Mensch, und eine Theorie besagt, er verfolge im Schlaf mit den Augen die Figuren seiner bunten, bizarren Visionen, so daß die Augäpfel hinter den geschlossenen Lidern immer wieder unruhig hin und her wandern.

Beide Schlafstadien, der langsame und der schnelle Schlaf, wiederholen sich in einem Zyklus von rund neunzig Minuten vier- bis fünfmal pro Nacht. Dieser Wechsel ist für die seelische und körperliche Gesundheit wichtig. Aber die Mediziner sind sich einig: Am gesündesten ist der langsame Delta-Schlaf, denn dann laufen unsere Organe sozusagen auf Sparflamme. Herzschlag, Blutdruck und Atmung sind gedrosselt. Die Muskulatur entspannt sich. Unser Gehirn kommt zur Ruhe. Geist und Organismus können sich endlich erholen.

Nun gibt es Menschen – sogenannte Kurzschläfer –, die den paradiesischen Zustand des langsamen Schlafes sehr schnell erreichen. Nach ein paar Stunden der Ruhe sind sie wieder topfit. Der Langschläfer dagegen verbringt längere Zeit in der schnellen Phase, die ihm zwar aufregende Träume, aber nicht den wirklich erholsamen Tiefschlaf beschert. Er braucht also mehr Nachtstunden, um sich von des Tages Müh und Last zu erholen.

Im Verlauf eines Menschenlebens verändert sich die Qualität des Schlafs. Mit zunehmendem Alter wird zwar die Gesamtschlafdauer geringer, aber gleichzeitig sinkt auch der prozentuale Anteil des traumreichen REM-Schlafes. Grundsätzlich gilt die Faustregel: Neugeborene müssen etwa zwanzig Stunden, Kleinkinder zwölf, Schulkinder zehn Stunden schlafen. Ein erwachsener Mensch braucht in der Regel sieben bis acht Stunden, wobei diese Richtwerte getrost um zehn Prozent unter- und überschritten werden dürfen.

Auf wunderbare Weise gleicht der Körper gelegentliche Schlafdefizite wieder aus. Nach einer durchwachten Nacht weist der Schlaf auffällig lange Phasen des erholsamen Delta-Schlafs auf, so daß sich Geist und Organismus wieder stärken können. Wer aber – aus welchen Gründen auch immer – ständig zuwenig Schlaf bekommt, schadet auf die Dauer seiner Gesundheit. So gesehen hat einer der berühmtesten Kurzschläfer der Weltgeschichte, Napoleon, auch im Bett äußerst gefährlich gelebt, denn gleichgültig, ob er wieder einmal in Schlachten und Scharmützel verwickelt war oder ob er sich daheim ausruhen konnte, stets kam er mit vier Stunden Schlaf pro Nacht aus, die er bevorzugt auf einem harten Feldlager verbrachte.

Umgekehrt ist aber auch ein ständiges Zuviel an Schlaf schädlich. Zwar sind die mit erhobenem Zeigefinger formulierten Ermahnungen wie »langes Schlafen tut Laster schaffen« wahrscheinlich von einer strengen Obrigkeit ausgeheckt worden, die damit ihre Untertanen zu neuen Leistungen anstacheln wollte. Aber ein Quentchen Wahrheit steckt in diesen Volksweisheiten doch.

Nun wird uns niemand das Vergnügen mißgönnen, uns an einem verregneten Sonntag stundenlang im Bett zu aalen und zwischen Lesen, Radiohören und Wachträumen immer wieder einmal ein kleines Nickerchen zu halten, aber wenn dieser Müßiggang zum Dauerzustand wird, kann er schwere Erkrankungen des Herzens und des Kreislaufs auslösen. Er begünstigt den seichten Schlaf, so daß der Organismus keine Erquickung mehr findet.

»Oblomowerei« heißt dieser Zustand ständiger Trägheit – nach Oblomow, dem bekanntesten Faulpelz der Weltliteratur. Zwar verrät sein geistiger Vater, der russische Schriftsteller Iwan A. Gontscharow (1812–1891), nicht, wie es mit seinem stets müden Helden im Schlafrock nach der Hochzeit mit Agafja Pschenizyna weitergegangen ist, sondern vermerkt lediglich, daß sie ihm ungestörte Bequemlichkeit ohne süße oder bittere Tränen ermöglicht hat, aber für jeden Leser steht natürlich fest, daß Oblomow ein schreckliches Ende gefunden haben muß. Im besten Fall hat er seinen eigenen Tod verschlafen.

Der Wunsch, sich für lange Zeit ins warme Bett zu verkriechen und dort eine Art Winterschlaf zu halten, kommt immer einer Flucht vor der rauhen Wirklichkeit gleich. Und nur im Märchen geschieht es, daß sich während des langen Schlafes Wunder ereignen. Ludwig Bechstein (1801–1860) hat uns in seiner Geschichte von den »Drei Langschläfern« von so einem Wunder erzählt:

»In einem Dorf weit hinten am Rande der Welt, wo sich Fuchs und Hase gute Nacht sagen, lebte eine arme Witwe, die hatte drei Kinder. Sie arbeitete fleißig von früh bis spät, und wenn es gar nicht anders ging, scheute sie sich auch nicht zu betteln. Und doch kam es immer wieder vor, daß sie ihre Kinder hungrig ins Bett schicken mußte. Eines Tages war sie wieder recht verzweifelt. ›Ich racker' mich ab von früh bis spät‹, sagte sie unter Tränen. ›Aber die Menschen sind hartherzig und ohne Mitleid, und ich fürchte, auch der Himmel hat uns vergessen!‹

Die Kinder versuchten, ihre Mutter zu trösten, und der Älteste meinte: ›Am besten wäre, wenn wir jetzt einschlafen dürften, den ganzen langen Winter hindurch, bis in den Sommer hinein. Dann gibt es wieder Korn und Obst, wir könnten Ähren lesen und Kartoffeln klauben und hätten genug zum Leben.‹

Und im gleichen Augenblick geschah auch schon ein Wunder: Den Kindern fielen die Augen zu; sie schliefen ein und schliefen weiter, Tage und Monate. Dabei wurden sie immer rosiger und bekamen ganz runde Bäckchen. Das sprach sich nun bald herum, und von nah und fern kamen die Leute herbei, um die schlafenden Kinder zu bestaunen. Die arme Frau aber war so schlau, ein kleines Trinkgeld dafür zu verlangen, und die neugierigen Besucher gaben ihr so reichlich, daß sie nun keine Not mehr leiden mußte.

Als im August die Mähmaschinen durch die Ähren rauschten, wachten die drei Kinder auf und fühlten sich so recht ausgeschlafen. Sie sagten fröhlich ›Guten Morgen!‹, und dann gingen sie gleich ihrer Mutter fleißig an die Hand. Von nun an verlief alles ganz normal: sie wuchsen gesund und kräftig heran, und sie waren nie mehr arm und hatten keinen Mangel zu leiden.«

So, wie es immer wieder Leute gibt, die ernsthaft behaupten, sie hätten jahrelang überhaupt nicht geschlafen – eine Feststellung, die meistens nicht stimmt –, berichten andere von einem jahrelangen Dauerschlaf. Rekordhalterin auf diesem Gebiet ist die Schwedin Karoline Ollson, die zweiunddreißig Jahre lang die Augen nicht geöffnet haben soll. Wohlgemerkt, sie war nicht bewußtlos, sie lag nicht im Koma – sie schlief friedlich vor sich hin.

Schon immer galt Karoline bei ihren Angehörigen und Freundinnen als ein etwas schwieriges, verschlossenes Kind. Im Sommer 1873 – Karoline war damals gerade vierzehn geworden – klagte sie über Zahnschmerzen und legte sich zu Bett, das sie mehr als drei Jahrzehnte lang nicht mehr verlassen sollte. Sie ernährte sich von in Milch aufgelösten Keksen, die die besorgten Eltern der Schlafenden mühsam einflößen mußten. Ihre Ausscheidungen waren minimal. Die Ärzte standen vor einem Rätsel, denn sie fanden keine Ursache für das übertriebene Schlafbedürfnis. Merkwürdigerweise veränderte sich Karolines Gesichtsausdruck im Verlauf der vielen Jahre überhaupt nicht. Auch als junge Frau sah sie immer noch aus wie ein Schulmädchen.

Die Schlafende nahm keinen Anteil an den Geschehnissen ihrer Umwelt; nur als ihr der Vater klarzumachen versuchte, daß die Mutter gestorben war, verzog sich ihr Gesicht für ein paar Sekunden, so als wolle sie in Tränen ausbrechen, dann aber schlief sie sofort wieder ein.

Nach dem Tod seiner Frau stellte der Witwer eine Haushälterin ein, die die Dauerschläferin betreuen sollte. Und erst dieser energischen Frau gelang es, Karoline Ollson aus ihrem Dornröschenschlaf zu erwecken. Sie rüttelte sie so lange, bis sie sich endlich erhob. Das war im Frühjahr 1908. Es dauerte eine ganze Zeit, bis sich Karoline mit dem ungewohnten Wachzustand abfand. Sie holte ihre abgebrochene Schulausbildung nach und führte von nun an ein normales, unauffälliges Leben.

Nein, auf die leichte Schulter darf man ein übertriebenes Schlafbedürfnis nicht nehmen. Denn es kann sich auch um das Symptom eines schweren Leidens handeln. Krankhafte Zwangsschläfer zum Beispiel sacken plötzlich mit völlig erschlafften Muskeln zusammen, schlafen für ein paar Minuten fest ein, um dann ebenso schlagartig wieder aufzuwachen.

Der Mittagsschlaf ist dagegen längst als wertvolle Ergänzung des Nachtschlafs wissenschaftlich rehabilitiert worden. Das kurze Nikkerchen nach dem Essen – lange Zeit als Luxus und Laster verpönt – wird immer mehr salonfähig. Viele Männer und Frauen erleben gegen 13 Uhr ein Leistungstief, das durch die Nahrungsaufnahme noch verstärkt wird. Sie verspüren große Müdigkeit, der sie möglichst nachgeben sollten. Leider sind längst nicht alle Arbeitgeber mit der durchaus logischen Schlußfolgerung einverstanden, die da lautet: »Daß man in den Bürostunden schläft, ist nur allzu gerecht. Schließlich ist man ja auch im Büro müde geworden.«

Es gibt beneidenswerte Mitmenschen, die es auf dem Gebiet des kurzen Mittagsschlafs zu wahrer Meisterschaft gebracht haben. Sie schlafen aus dem Stand sofort ein und sind nach fünfzehn Minuten hellwach und topfit. Wenn man sie nach dem Geheimnis dieses Schnellschlummers befragt, behaupten sie fast immer einstimmig, die Kunst beruhe allein auf regelmäßigem Training. Manche Männer haben sich diesen Schlafstil während ihrer Soldatenzeit zwischen den Gefechten angewöhnt. So gesehen ist der Krieg zwar nicht Vater aller, aber vieler Dinge.

Viele erfolgreiche Leute lassen ihren Körper bestimmen, wann sie Ruhe brauchen. Der griechische Reeder Aristoteles Onassis zum Beispiel wurde oft wegen seiner Vitalität bewundert. Immer wenn er einen Anflug von Müdigkeit verspürte, legte er sich in seinem Büro auf den Fußboden, schlief ein halbes Stündchen so fest, daß ihn niemand wecken konnte, und erhob sich danach gestärkt und prächtig ausgeruht. Präsident Kennedy soll es ähnlich gehalten haben. Er legte in Verhandlungspausen den Kopf auf den Schreibtisch und tankte innerhalb weniger Minuten neue Kräfte. Und vom Herzog von Wellington wird erzählt, er habe einen großen Teil der Schlacht bei Waterloo hinter einer Kanone verschlafen, um dann beherzt in die letzte Phase des Gefechts einzugreifen.

Wer allerdings nachts häufig unter Schlafstörungen leidet, sollte – auch wenn es schwerfällt – auf das erholsame Nickerchen verzichten, denn wahrscheinlich ist er abends einfach nicht müde genug, um sofort ein- oder ruhig durchzuschlafen. Müdigkeit aber ist nun einmal der Antrieb des Schlafes.

Uns fleißigen Deutschen wird oft ein gestörtes Verhältnis zum Müßiggang und damit auch zum Schlaf nachgesagt. Es heißt, wir hätten kein Talent zum Entspannen, weil wir den wohltuenden Schlaf mit einem Dieb verwechseln, der uns wertvolle Zeit stiehlt. In unzähligen Volksweisheiten wird das legitime Bedürfnis nach nächtlicher Ruhe verteufelt.

So sind auch die Chancen gering, daß die von dem genialen Georg Büchner (1813–1837) entworfene Regierungserklärung – nachzulesen in »Leonce und Lena« – in unserem Land jemals Beachtung findet. Dabei klingen diese Sätze so verheißungsvoll: »Es wird ein Dekret erlassen, daß, wer sich Schwielen in die Hände schafft, unter Kuratel gestellt wird; daß, wer sich krank arbeitet, kriminalistisch strafbar ist; daß jeder, der sich rühmt, sein Brot im Schweiße seines Angesichts zu essen, für verrückt und der menschlichen Gesellschaft gefährlich erklärt wird. Und dann legen wir uns in den Schatten und bitten Gott um Makkaroni, Melonen und Feigen, um musikalische Kehlen, klassische Leiber und eine kommode Religion.«

Doch im Grunde unseres Herzens wissen wir natürlich, daß Menschen, die sich ihres Schlafs nicht schämen, verträglichere Zeitgenossen sind als die ruhelosen, umtriebigen.

Wie liebevoll und zärtlich spricht der 1898 verstorbene deutsche

Dichter Theodor Fontane von seinem Vater, der zeit seines Lebens ein guter Schläfer gewesen war: »Eingebettet in die Seegraskissen, hielt mein Vater, der unter seinen vielen Prachteigenschaften auch die eines tüchtigen Schläfers hatte, seine Nachmittagsruhe, wobei er die Zeit nie ängstlich bemaß und sich oft erhob, wenn die Dunkelstunde schon da war. Ich wurde dann abgeschickt, ihn zu wecken, was ich immer gerne tat, weil er dabei nicht nur von besonders guter Laune, sondern sogar von einer ihm sonst gar nicht eigenen Zärtlichkeit war. Ich mußte mich dann zu ihm setzen, und er plauderte mit mir, weit über meinen Kopf hinweg, über allerhand merkwürdige Sachen, die mich entzückten. Ja, das waren glückliche Stunden.«

»Man verschlafe ruhig die Hälfte des Lebens, man wird die andere Hälfte doppelt genießen«, riet der Schriftsteller Carl Ludwig Schleich (1859–1922) seinen Lesern.

Auch wenn wir nach außen hin über sie die Nase rümpfen, im stillen bewundern wir sie: die Leute, die das Talent zum Faulenzen haben und zu jeder Zeit ein Nickerchen einlegen können.

Nikolaus Lenaus Gedicht von den »Drei Zigeunern« erzählt von dieser Bewunderung für die Müßiggänger:

Drei Zigeuner fand ich einmal
liegen an einer Weide,
als mein Fuhrwerk mit müder Qual
schlich durch sandige Heide.

Hielt der eine für sich allein
in den Händen die Fiedel,
spielte, umglüht vom Abendschein,
sich ein feuriges Liedel.

Hielt der zweite die Pfeif' im Mund,
blickte nach seinem Rauche,
froh, als ob er vom Erdenrund
nichts zum Glücke mehr brauche.

Und der dritte behaglich schlief,
und sein Cimbal am Baum hing,
über die Saiten der Windhauch lief,
über sein Herz ein Traum ging.

An den Kleidern trugen die drei
Löcher und bunte Flicken,
aber sie boten trotzig frei
Spott den Erdengeschicken.

Dreifach haben sie mir gezeigt,
wenn das Leben uns nachtet,
wie man's verraucht, verschläft, vergeigt
und es dreimal verachtet.

Nach den Zigeunern lang noch schaun
mußt' ich im Weiterfahren,
nach den Gesichtern dunkelbraun,
den schwarzlockigen Haaren.

Aber auch das gibt es: umtriebige, vielbeschäftigte Zeitgenossen, die den Schlaf fälschlicherweise für vergeudete Zeit halten. Die Tatsache, daß der Durchschnittsbürger immerhin ein ganzes Drittel seines Lebens verschläft, erschreckt diese Menschen zutiefst und läßt sich nicht mit ihrem auf Ertrag und Leistung ausgerichteten Weltbild vereinbaren. Auf diese Weise ist die auf den ersten Blick bestechende Idee geboren worden, im Schlaf noch etwas Sinnvolles zu tun – zum Beispiel zu lernen. Von Prüfungsängsten gepeinigte Schüler pflegten sich früher die Bücher unters Kopfkissen zu legen, in der stillen Hoffnung, der Wissensschatz könne so durch die Federn in ihre Gehirne eindringen.

Es hat auf diesem Gebiet einige ernst zu nehmende Experimente mit unterschiedlichen Resultaten gegeben. In einem Sommerlager amerikanischer Schüler trieb man den zehn- bis zwölfjährigen Knaben mit Erfolg die Unsitte des Nägelkauens aus, indem man ihnen im Schlaf hin und wieder eintrichterte: »Meine Nägel schmecken schrecklich bitter.«

Doch bei dem Versuch, Testpersonen komplexere Sachverhalte im Schlaf beizubringen, gerieten die Experten bald an ihre Grenzen. Es zeigte sich, daß das Gelernte rasch wieder vergessen wurde. Außerdem klagten die Versuchspersonen bald über erhebliche Schlafstörungen und Reizzustände. Daraus läßt sich folgern: Die Natur hat ein Drittel unseres Lebens ausschließlich für die Erholung reserviert. Wenn der Geistliche von der Kanzel predigt: »Den Seinen gibt es der Herr im Schlaf«, ist damit nicht eine Erweiterung des Wissens, sondern allgemeine Erleuchtung gemeint.

Die meisten Menschen denken über die wunderbare Wirkung des Schlafs erst nach, wenn er sich plötzlich nicht mehr einstellt oder wenn sie mitten in der Nacht lange vor Morgengrauen erwachen, was besonders schädlich sein soll, weil dadurch die Traumphase jäh unterbrochen wird.

Schon leidet jeder dritte Deutsche ernsthaft unter Schlaflosigkeit, die ihm das Leben zur Hölle macht und sich zu einer nicht enden wollenden Folter ausweitet. Es kann für die Opfer kaum ein Trost sein, daß sie sich mit ihrem Leiden in illustrer Gesellschaft befinden.

Friedrich von Schiller (1759–1805) zum Beispiel, der den Schlaf immer wieder als Himmelsgabe besungen hat – er wußte genau, wovon er sprach, denn ihm selbst war diese Wohltat nur selten vergönnt. So beklagte er sich in einem Brief an seinen Dichterfreund Goethe, der stets nur kurz, aber dafür fest und tief wie ein Murmeltier schlief: »Leider habe ich durch Schlaflosigkeit und fatales Befinden wieder etliche schöne Tage für meine Geschäfte verloren.«

Vielleicht hat sich Goethe an diese Klagen seines Kollegen erinnert, als er viele Jahre später beim Anblick von Schillers Totenmaske philosophierte: »Alles Drängen, alles Regen ist ewig Ruh in Gott, dem Herrn.«

Seit den Lebzeiten des armen Schiller ist diese Welt nicht etwa ruhiger, sondern hektischer geworden, und die Zahl der Menschen mit ernsthaften Schlafstörungen steigt in schwindelerregende Höhen. Statistiker haben es ausgerechnet: Pro Jahr werden in der Bundesrepublik etwa 6500 Tonnen vielfarbiger Schlaftabletten und -dragees geschluckt. Dabei sollten diese Medikamente eigentlich das allerletzte Hilfsmittel darstellen, zu dem man greift, wenn alle anderen wirkungslos geblieben sind.

Schlafstörungen sind eine Volkskrankheit, die alle sozialen Kreise und Altersschichten heimsucht. Nervöse, überforderte Kinder finden nachts ebensowenig erholsamen Schlaf wie alte Menschen, deren Störungen nicht nur auf biologischen Veränderungen beruhen. Sie fühlen sich zu völliger Tatenlosigkeit verurteilt, dämmern tagsüber in ihren Lehnstühlen dahin, so daß es zu einer verhängnisvollen Verflachung des natürlichen Schlaf- und Wachrhythmus kommt. Hinzu gesellen sich Traurigkeit und Depressionen, die dem alten Menschen den Schlaf rauben.

Wer diese Sorgen mit dem Schlaf nicht kennt, sollte Wolfgang Hildesheimers 1965 erschienenen Roman »Tynset« lesen, das erschütternde Dokument einer chronischen Schlaflosigkeit. Dann erst wird er verstehen, welche Wohltat ihm Nacht für Nacht zuteil wird.

Schlaflosigkeit kann allerdings auch schöpferisch machen. Nie werden wir erfahren, wie viele Romane, Gedichte, Kompositionen und großartige Ideen wir nur der Tatsache verdanken, daß ihre Urheber nachts keine Ruhe fanden und vor sich hin grübelten.

Der Erfindergeist treibt aber auch üppige Blüten, wenn es darum geht, den Schlaf mit Tricks herbeizuführen. Der große griechische Arzt Hippokrates schwor auf seinen Löffel Veilchensirup, den er vor dem Zubettgehen schluckte. Dieses Rezept ist inzwischen von der homöopathischen Medizin als bewährtes Schlafmittel wiederentdeckt worden.

Hildegard von Bingen legte sich nie ohne ihr mit aromatischen Kräutern gefülltes Säckchen zu Bett, denn der Geruch wirkte auf sie so beruhigend, daß sie rasch einschlief.

Der große Dichter Georg Christoph Lichtenberg (1742–1799), dem wir so viele geistreiche Aphorismen verdanken, starrte minutenlang zur Decke über seinem Bett und ging dann im Geist auf weite Reisen. In seiner Phantasie verwandelten sich die Risse und Flecken auf dem Putz über seinem Kopf in Straßen, Flüsse und Seen. Diese Wanderungen ermüdeten ihn so sehr, daß er seine Schlaflosigkeit überwinden konnte.

Der amerikanische Humorist James Thurber vertrieb die Schlaflosigkeit, indem er im Geist komplizierte Begriffe rückwärts buchstabierte.

Und unzählige Männer und Frauen schwören auf den bewährten Trick mit dem Ohrläppchen. Die müssen zwischen Daumen und Zeigefinger drei Minuten lang tüchtig gerieben werden, damit sich die innere Ruhe einstellt.

Was sich wie Hokuspokus anhört, hat einen ernsten Hintergrund.

Im Bereich des Ohrläppchens sitzt ein empfindlicher Nerv, der unter anderem die Herzfrequenz beeinflußt. Wird diese Stelle stimuliert, dann kommt das Herz zur Ruhe. Aber auch die anderen Organe wie zum Beispiel der Magen und der Darm werden durch die Fingermassage positiv beeinflußt.

Allen nervösen, hektischen Zeitgenossen riet der ehemalige englische Premierminister Harold Wilson: »Wenn das Problem, das Sie wachhält, nicht morgens um neun gelöst werden kann, ist es sicher auch nicht nachts um drei lösbar, wenn Sie kribbelig, nervös und wirr im Kopf sind. Verschieben Sie es auf den nächsten Tag.«

Das Zubettgehritual

Der beste aller Schlaf-und-Wach-Rhythmen
Alles über Morgen- und Abendschläfer
Voller Bauch schläft nicht gern
Schlafkiller Alkohol
Abendgymnastik verhilft zu Ruhe
Die Hitliste der einschläfernden Weltliteratur
Abendlieder entspannen

> Süßer Schlaf! Du kommst wie
> ein reines Glück ungebeten,
> unerfleht am willigsten.
> *Johann Wolfgang von Goethe (1749–1832)*

Früher war die Welt oder genauer gesagt: der Schlaf noch in Ordnung. Die Natur bestimmte den Tagesablauf des Menschen und damit auch seine Schlafzeit. Die schwere Arbeit, die die Mehrzahl der Bevölkerung auf Äckern und Feldern, auf Märkten und in Werkstätten leisten mußte, bescherte den Werkschaffenden am Ende des Tages eine wohltuende Müdigkeit. Sie gingen mit den Hühnern zu Bett und standen mit ihnen bei Sonnenaufgang und erstem Hahnenschrei wieder auf. Und der Verdacht liegt nahe, daß sie damit den besten aller Schlaf-und-Wach-Rhythmen gefunden hatten.

Der geplagte, gestreßte Zeitgenosse des 20. Jahrhunderts aber hat nur selten Gelegenheit, sich bei der Arbeit körperlich voll und ganz zu verausgaben. Dafür verrichtet er sinnentleerte, fremdbestimmte Tätigkeiten oder strapaziert sitzend sein armes Gehirn. Gleichzeitig fühlt er sich zahlreichen zermürbenden Streßfaktoren hilflos ausgeliefert. Er ist nicht rechtschaffen müde, wenn er abends nach Hause kommt, sondern ausgelaugt, zermürbt und erschöpft. Kein Wunder also, daß sich unter diesen Umständen der erholsame Schlaf nicht einstellen will.

Wenn lebhafte Kinder abends nicht zu Bett gehen wollen, empfehlen wohlgesonnene Ärzte, Lehrer und Psychologen den entnervten Eltern: »Erfinden Sie ein kleines, aber sich ständig wiederholendes Zubettgehritual mit Schmusetier und Gutenachtgeschichten, damit sich die Kleinen auf diesen Augenblick freuen können. Dann werden die kleinen Quälgeister endlich Ruhe geben.«

Was für Kinder gut ist, bewährt sich manchmal auch – natürlich mit einigen Abwandlungen – bei schlafgestörten Erwachsenen. Die letzten Stunden eines Tages sollten der Vorbereitung auf den erquickenden Schlaf dienen.

Zwar verkennt die moderne Schlafforschung nicht, daß es ausgesprochene Morgenschläfer gibt, die erst abends zur Hochform auflaufen und dann nicht den Weg ins Bett finden, während der sogenannte Abendschläfer am Ende des Tages schnell abbaut und sich nach seinem Bett sehnt. Dennoch empfehlen führende Experten auf diesem Gebiet: »Die beste Zeit des Zubettgehens liegt für den modernen Menschen zwischen 22.00 und 23.00 Uhr.« Vor 6.00 Uhr morgens sollte man sich möglichst nicht erheben. Das jedenfalls empfehlen die Fachleute.

Ist also vielleicht doch etwas dran an der Volksweisheit, wonach der Schlaf vor Mitternacht am gesündesten ist und sogar schön machen soll?

Ob Nachtmensch oder Abendmuffel – wichtig ist vor allem, daß man sich an eine immer wiederkehrende geregelte Bettzeit gewöhnt, damit sich der Körper und der Geist darauf einstellen können. Natürlich sollte man sich nicht zum Sklaven dieser Gewohnheit machen. Ausnahmen sind also erlaubt – etwa wenn man nette Gäste hat, die gar nicht daran denken, die fröhliche Runde um Mitternacht aufzuheben. Aber im allgemeinen ist es gut, sich an ein festgefügtes Schema zu gewöhnen.

Etwa zwei bis drei Stunden vor dem Zubettgehen sollte man die letzte Mahlzeit des Tages zu sich nehmen. Wer sich abends mit fetten, schwer verdaulichen Speisen vollstopft und sich danach sofort hinlegt, darf sich nicht wundern, wenn der erholsame Schlaf lange auf sich warten läßt. Sodbrennen, Verdauungsstörungen, das sogenannte Roehmheld-Syndrom, das mit schmerzhaften Herzbeschwerden verbunden ist, gehören zu den weit verbreiteten, durch falsche Ernährung ausgelösten Ursachen der Schlaflosigkeit.

Erst kürzlich haben amerikanische Wissenschaftler herausgefunden, daß es vor allem der Mangel an bestimmten Spurenelementen in der Nahrung ist, der uns nachts den Schlaf raubt. Sie empfehlen für die letzte Mahlzeit des Tages Fischgerichte – allerdings nur leicht gedünstet! –, grünes Gemüse, bunte Salate.

Beginnen wir also unser Zubettgehritual mit einer leichten, gut bekömmlichen Mahlzeit, die Rücksicht darauf nimmt, daß der gesamte Verdauungstrakt seine Tätigkeit während des Schlafes fast einstellt. Auch auf scharfe Gewürze muß man am Abend verzichten. In der aphrodisischen Küche gelten Pfeffer, Paprika und Currypulver aus gutem Grund als wahre Muntermacher. Wer nachts gut schlafen will, sollte sie möglichst meiden oder zumindest nur spärlich verwenden.

Und wenn schon von leiblichen Genüssen die Rede ist, muß man auch ein Wort über die alkoholischen Getränke verlieren, die viele Leute immer noch für ein treffliches Schlafmittel halten. Die alte Weinfaßinschrift »Wer gut trinkt, schläft gut. Wer gut schläft, denkt gut. Wer denkt, handelt auch gut« beruht wenigstens im ersten Teil auf einem verhängnisvollen Irrtum.

Freilich, ein Gläschen Bier in Ehren oder ein Schoppen Wein, ja sogar ein Schnäpschen am Abend können dem Gesunden wenig anhaben. Aber schon das zweite Glas kann den Schlaf so nachhaltig negativ beeinflussen, daß man sich am Morgen wie gerädert fühlt.

Zwar bleiben dem Angetrunkenen Einschlafstörungen erfahrungsgemäß erspart – es sei denn, das ganze Bett beginnt sich zu drehen oder zu schwanken wie ein Schiff auf hoher See, aber in der Regel wirkt der Alkohol erst einmal wie eine Narkose, die allerdings nur vier bis fünf Stunden anhält. Danach liegt man – oft schweißgebadet – stundenlang wach und muß auf die erholsamen Tiefschlafphasen völlig verzichten.

Verhängnisvolle Folgen kann es haben, wenn man dann den Versuch unternimmt, die alkoholbedingte Schlaflosigkeit mit Hilfe einer Tablette zu bekämpfen. Die Kombination aus Alkohol und Medikamenten ist ein sicherer Weg zur »ewigen Ruhe«, aus der es dann kein Erwachen mehr gibt.

Welche Getränke sich als ungefährliche »Absacker« oder als schlaffördernder »Schlummertrunk« eignen, wird noch an anderer Stelle dieses Buches verraten. Leute, die nachts immer wieder unter quälendem Durst leiden, sollten eine Flasche Mineralwasser griffbereit halten, so daß der Durst sofort gestillt werden kann, ohne daß es zu langen Schlafunterbrechungen kommt.

Wohl dem, der einen vierbeinigen Begleiter hat, der abends noch einmal »Gassi« geführt werden muß, wie das wohl in der etwas infantilen Sprache mancher Hundebesitzer heißt. Ein Spaziergang durch die frische Nachtluft erweist sich immer als schlaffördernd. Der Rundgang durch die stillen Straßen und Gassen gibt uns Gelegenheit, die Gedanken noch einmal zu ordnen und das am Tag Erlebte zu verarbeiten. Wenn wir gelassen zurückkommen, hat die Wanderung rund um den Block ihren Sinn erfüllt.

Für viele gesundheitsbewußte Zeitgenossen ist der Frühsport zur Selbstverständlichkeit geworden. Mindestens ebenso sinnvoll ist die regelmäßige Abendgymnastik am geöffneten Fenster.

Turnen hilft mit, die Muskelverspannungen zu lösen, die sich anderenfalls störend auf den Schlaf auswirken können. Fein heraus sind Leute, die einen beheizten Swimmingpool ihr eigen nennen, denn ein paar Runden im warmen Wasser wirken entspannend und beruhigend.

Freilich haben längst nicht alle Sportarten eine einschläfernde Wirkung. Tennis und Handball zum Beispiel können zu schmerzhaften Muskelverspannungen führen. Außerdem sollte man am Abend jede Aufregung vermeiden – gleichgültig, ob sie nun durch Sieg oder Niederlage ausgelöst wird.

Nichts putscht den Menschen mehr auf als Streit und heiße Debatten. Wenige Stunden vor dem Zubettgehen sollte man um alle Streithähne einen großen Bogen machen und die Diskussion auf den nächsten Tag verschieben.

Zwar steht das deutsche Fernsehprogramm in dem Ruf, eine vortreffliche Einschlafhilfe zu sein, und Tausende von schnarchenden Ehemännern vor den Flimmerkisten scheinen diese Annahme zu bestätigen, aber ausgerechnet zur späten Stunde werden häufig Filme gezeigt, die auch den Hartgesottensten zutiefst aufrütteln und um den Seelenfrieden bringen. Haben Sie den Mut, den Abschaltknopf zur rechten Zeit zu betätigen!

Musik kann bekanntlich hellwach, aber auch angenehm schläfrig machen. Es kommt auf die Rhythmen an. Beat, Rock, aber auch ein Tango oder der erotische »Bolero« von Ravel sind beispielsweise bewährte Muntermacher. Sanfte Geigenklänge dagegen lullen uns ein und lassen auch die Seele zur Ruhe kommen.

Erst kürzlich haben Musikwissenschaftler herausgefunden, daß vor allem deutsche Schlager eine einschläfernde Wirkung haben. So werden Autofahrer davor gewarnt, am Steuer heimatliches Liedgut zu hören. Aus dieser Erkenntnis kann man abends seinen Nutzen ziehen, indem man im Interesse eines erholsamen Schlafs die deutsche Schlagerparade hört. Viele Leute schwören auf ihr mit einer Schaltuhr ausgestattetes Radio, das auf dem Nachttisch seinen festen Platz hat. Irgendwann im Laufe der Nacht, wenn der Hörer dank der leisen Musik längst eingeschlafen ist, stellt sich das Gerät, wie von Geisterhand bedient, automatisch ab.

Äußerst besänftigend kann auch ein gutes Buch sein. Atemberaubende Thriller, Krimis und Liebesromane eignen sich nicht als Einschlaflektüre. Zu welchem Werk Sie auch immer greifen – stets sollte die abendliche Lesestunde im Sessel oder auf dem Sofa, aber nie im eigenen Bett stattfinden. Wer unter Schlafstörungen leidet, sollte die Lagerstatt wirklich nur zum Einschlafen aufsuchen.

Die folgende, nicht ganz ernst zu nehmende Liste deutschsprachiger Weltliteratur mit garantiert einschläfernder Wirkung soll Ihnen als kleine Orientierungshilfe dienen:

Gotthold Ephraim Lessing: *Hamburgische Dramaturgie*,

Christoph Martin Wieland: *Geschichte des Agathon*,

Johann Wolfgang von Goethe: *Wilhelm Meisters Wanderjahre*,

Adalbert Stifter: *Der Nachsommer*,

Thomas Mann: *Joseph und seine Brüder*,

Hermann Hesse: *Demian*,

Ina Seidel: *Das Wunschkind*,

Robert Musil: *Der Mann ohne Eigenschaften*,

Martin Walser: *Halbzeit*,

Arno Schmidt: *Zettels Traum*.

(Letzteres hat schon wegen seines DIN-A 3-Formats und wegen seiner schwergewichtigen 1330 Seiten eine stark schlaffördernde Wirkung, denn beim Halten werden die Arme rasch schwer und lahm.)

Um alle Freunde der schönen Literatur schnell wieder zu versöhnen, sei darauf hingewiesen, daß vor allem junge Menschen die besänftigende Wirkung lyrischer Gedichte wiederentdecken. Man darf also getrost ein Abendgedicht mit in das Zubettgehritual aufnehmen. Machen wir die Probe aufs Exempel und lassen Joseph von Eichendorff (1788–1857) zu Wort kommen:

Mondnacht

Es war, als hätt' der Himmel
Die Erde still geküßt,
Daß sie im Blütenschimmer
Von ihm nun träumen müßt.

Die Luft ging durch die Felder,
Die Ähren wogten sacht,
Es rauschten leis die Wälder,
So sternklar war die Nacht.

Und meine Seele spannte
Weit ihre Flügel aus,
Flog durch die stillen Lande,
Als flöge sie nach Haus.

Noch eine Kostprobe gefällig? Lassen wir uns von Paul Gerhardt (1607–1676) verzaubern und in eine wohltuend ruhige Stimmung versetzen:

Abendlied

Nun ruhen alle Wälder,
Vieh, Menschen, Städt' und Felder,
Es schläft die ganze Welt:

Ihr aber, meine Sinnen,
Auf, auf, ihr sollt beginnen,
Was eurem Schöpfer wohlgefällt.

Wo bist du, Sonne, blieben?
Die Nacht hat dich vertrieben,
Die Nacht, des Tages Feind:
Fahr hin, ein' andre Sonne,
Mein Jesus, meine Wonne,
Gar hell in meinem Herzen scheint.

Der Tag ist nun vergangen,
Die güldnen Sternlein prangen
Am blauen Himmelssaal:
So, so werd ich auch stehen,
Wenn mich wird heißen gehen
Mein Gott aus diesem Jammertal.

Der Leib, der eilt zur Ruhe,
Legt ab das Kleid und Schuhe,
Das Bild der Sterblichkeit:
Die zieh ich aus, dagegen
Wird Christus mir anlegen
Den Rock der Ehr' und Herrlichkeit . . .

Das ideale Schlafzimmer

Warum Schlafzimmer versperrt bleiben
Kulturelle Glanzleistungen im Bett vollbracht
Die sichere Festung
Farben beeinflussen die Seele
Am besten schläft es sich im Freien
Alles über das gesunde Schlafklima
Ein bißchen Wärme muß sein
Die Sache mit dem Nordpol
Vorsicht, zerstörerische Strahlen
Chemische Schadstoffe
Allein oder zu zweit schlafen

> Na, nun hat er seine Ruh'.
> Ratsch! Man zieht den Vorhang zu.
> *Wilhelm Busch (1832–1908)*

Es hat schon seinen guten Grund, daß viele Hausbesitzer ihre Gäste bei einem Besichtigungsrundgang zwar voller Stolz in das behaglich eingerichtete Wohnzimmer, in die hochtechnisierte Küche, ja sogar in das Bad und die Toilette führen, das Schlafzimmer aber verschämt ausklammern. Vor der verschlossenen Tür heißt es beiläufig: »Und da schlafen wir!«

Was haben diese Leute zu verbergen? Gibt es in dem Schlafzimmer stumme Zeugen eines ausschweifenden, zügellosen Liebeslebens oder gewagte erotische Gemälde an den Wänden, die den Wohnungsinhaber als Wüstling entlarven könnten? Nichts von alledem.

Der wahre Grund für die Zurückhaltung ist: dieser Raum wirkt so wenig einladend, daß es das natürliche Schamgefühl verbietet, Fremden dort Einlaß zu gewähren.

Auf zahlreichen deutschen Schlafzimmertüren steht, unsichtbar, das Zitat aus Dantes *Göttlicher Komödie*: »Beim Eintritt hier laßt alle

Hoffnung fahren.« Auf engstem Raum sind Betten, klobige Kommoden und Schränke zusammengepfercht. Nicht selten muß das Zimmer noch zusätzlich als Koffer- und Vorratskammer herhalten. Unter dem Bett stapeln sich verstaubte Kisten und Kästen; auf dem Schrank stehen lange Batterien gefüllter Einmachgläser, die vom immensen Fleiß der Hausfrau künden.

»Schlafzimmer sind bei uns oft noch wahre Entwicklungsländer«, erklärte ein führender Möbelhersteller und hatte damit den Nagel auf den Kopf getroffen. Wenn es um die Einrichtung dieses Raums geht, scheinen sich viele Menschen zu sagen: Was soll der ganze Aufwand? Hier halte ich mich ja doch nur bei Dunkelheit auf, die alles gnädig mit ihrem großen Mantel verdeckt.

Und auch dort, wo bei der Möblierung nicht gespart wurde, wo die Bewohner tief in die Tasche gelangt haben, ist das Ergebnis – kalte Pracht und Herrlichkeit – eher dazu geeignet, Alpträume hervorzurufen als wohltuende Entspannung.

Sozusagen als Gegenoffensive zur Bekämpfung ungemütlicher Schlafzimmer empfehlen uns moderne Innenarchitekten, das Schlafzimmer zum Mehrzweckraum umzufunktionieren – mit einem Näh- und Flicktisch für die Hausfrau und einem Schreibtisch für den Herrn des Hauses. In engen Wohnungen lassen sich solche Doppelfunktionen manchmal nicht vermeiden. Aber aus der Sicht des Schlafforschers sind sie nicht empfehlenswert.

Zwar wissen wir aus der ebenso spannenden wie turbulenten Kulturgeschichte des Liegens, daß viele große Geister dieser Welt in ihren Schlafgemächern bewundernswerte kulturelle Leistungen vollbracht haben – im Bett wurden schon ganze Opern komponiert, Romane geschrieben und mathematische Formeln gefunden –, aber wir Normalverbraucher sollten diesen Raum möglichst nur zum Entspannen, Ruhen und Schlafen nutzen.

Eine durchaus ernst zu nehmende Theorie besagt, daß die Kunst der Deckenmalerei, die wir heute in Kirchen und auch weltlichen Gebäuden bewundern, von einem Menschen erfunden worden sei, der in seinem Bett lag und die Augen auf die freien Flächen über ihm richtete, bis ihm einfiel, wie man sie verzieren konnte. Winston Churchill soll, so berichten seine Biographen, während des letzten Weltkrieges sein Land vorwiegend vom Bett aus regiert haben, das in einem Luftschutzbunker stand.

Das mag alles stimmen, aber wenn man hinter die Kulissen blickt, findet man schnell heraus, daß das Bett oft nur aus bitterer Not als Werkstatt, Dichterstübchen oder Kommandozentrale herhalten mußte, denn es war der einzige wirklich warme Platz in einer sonst sehr ungemütlichen Umgebung.

Die vier Wände, zwischen denen wir immerhin ein Drittel unseres Lebens verbringen, unterliegen in Gestaltung und Einrichtung ganz eigenen Gesetzen, die ausschließlich auf die Erhaltung der Ruhe ausgerichtet sein sollten.

Immer schon hat der Mensch das Bedürfnis verspürt, sich nachts in eine sichere Festung zurückzuziehen. Die mit Säulen und Baldachin ausgestatteten Betten des frühen Mittelalters, aber auch die in nordischen Ländern immer noch weit verbreiteten Alkoven, Schlafwandschränke, erzählen von der Sehnsucht nach nächtlicher Geborgenheit, zu der wir uns getrost wieder bekennen dürfen.

Die hohen Kopf- und Fußenden an den Lagerstätten unserer Großeltern waren mehr als bloße Zierde: vielmehr vermittelten sie dem Schlafenden das beruhigende Gefühl, vor allen Gefahren abgeschirmt zu sein. Vielleicht werden bei Einbruch der Dunkelheit die in unseren Genen verankerten Erfahrungen längst vergangener Zeiten wieder wach – Erfahrungen, die uns lehren, daß wir schlafend völlig schutzlos sind. Jedenfalls mögen wir es alle nachts ein bißchen kuschelig und sehr behaglich. So gesehen sind freistehende, von allen vier Seiten zugängliche Betten ein innenarchitektonisches Unding, das unserer Natur völlig widerspricht.

Kaiser, Könige und Fürsten haben in solchen mitten im Raum stehenden Paradebetten, in sogenannten *Lits d'Honneur* geschlafen. Aber die Chronisten wissen zu berichten, daß manches gekrönte Haupt nach dem offiziellen *Coucher*, das einem Staatsakt gleichkam, in das weniger prunkvolle, aber dafür gemütlichere Privatbett schlüpfte. Im Morgengrauen kehrte es dann in das Prunkbett zurück, um das feierliche *Lever* in Anwesenheit ausgesuchter Würdenträger zu vollziehen. Auch Monarchen sind eben nur Menschen, die die Bequemlichkeit zu schätzen wissen.

Eine von zwei Wänden (möglichst ohne kalter Außenwand) gebildete Ecke ist der beste Standort für das Bett, auch wenn dadurch das Beziehen erschwert wird. Diese kleine Mühe sollte man im Interesse eines erquickenden Schlafs in Kauf nehmen.

Herrlich schläft es sich auch in Nischen, die man leider in unseren klar gegliederten und geschnittenen Neubauwohnungen nur noch selten antrifft – es sei denn in dem Einzimmerappartement des Junggesellen, wo sie als Schlafzimmerersatz herhalten müssen. Der psychologisch so wichtige Höhlencharakter des Schlafzimmers läßt sich auch mit moskitonetzartigen Vorhängen herbeizaubern. Und das romantische Himmelbett erlebt zur Zeit wieder eine wahre Blüte.

Für einen erholsamen, tiefen Schlaf eignen sich vor allem Räume, die nur eine Tür aufweisen. Mehrere Türen rufen ein Gefühl starker Verunsicherung hervor. Psychologen fanden heraus, daß man am besten schläft, wenn man die einzige Tür des Zimmers vom Bett aus beobachten kann. Abergläubische Zeitgenossen werden gegen diese Empfehlung heftigen Protest einlegen, weil es heißt: »Wer im Bett mit den Füßen zur Tür zeigt, wird bald als Leichnam aus dem Schlafzimmer getragen.« Freilich finden sich nirgendwo hieb- und stichfeste Beweise für diese weitverbreitete Annahme. Doch wer an diesen Unsinn glaubt, sollte sich nicht scheuen, die Lagerstatt umzustellen, oder mit den Füßen auf dem Kopfkissen liegen. Denn dadurch werden wir ruhiger und vermeiden unnötiges Herzklopfen.

Seitdem wir wissen, daß ganz bestimmte Farben meßbare Einflüsse auf unseren Geist, aber auch auf unseren Organismus haben – Rot zum Beispiel regt das Verdauungssystem an, während Orange die Milz beeinflußt –, ist es möglich, die Wände des Schlafzimmers so zu gestalten, daß sie den Schlaf fördern. Rot, die Farbe der Liebe, mag zwar zur Beflügelung der Erotik gut sein, treibt aber den Herzschlag an, aktiviert die Drüsen und reizt die Nerven. Grün dagegen bremst jede Überaktivität und kann daher unbedenklich für den Wandanstrich verwendet werden. Das gilt auch für das Blau, das alle Körperfunktionen sehr sanft dämpft. Ein entspannender Effekt geht auch von Violett aus.

Unruhige Blümchentapeten sind Gift für nervöse, schlafgestörte Leute. Ruhige geometrische Dekors machen dagegen schläfrig und gelassen.

Auch der Wandschmuck muß mit Bedacht gewählt werden. Fällt der letzte Blick des Tages auf ein Gemälde, das ein blutiges Kampfgeschehen zeigt, dann ist es kein Wunder, wenn sich später der tiefe Schlaf nicht einstellt. Gedämpftes Licht kann uns helfen, nach des Tages Müh und Last abzuschalten.

Daß man den Raum der Ruhe und Entspannung gegen Lärm und Lichteinfall von außen abschirmen muß – mit Doppelfenstern, Jalousien und dicken Vorhängen –, versteht sich fast von selbst, denn viele Schlafstörungen sind auf Einflüsse von außen zurückzuführen. Erweist sich der Nachbar als ständiger Störenfried, dann sollte man sich nicht scheuen, mit ihm ein offenes Wort zu reden, oder man muß das Schlafzimmer in eine andere, geschützte Ecke des Hauses verlegen. Vorbei sind leider die Zeiten, in denen es eine heilige Pflicht war, den Schlaf des anderen zu respektieren und zu bewachen. »Ich beschwöre Euch, Ihr Töchter Jerusalems, bei den Rehen oder Hinden auf dem Felde, daß Ihr meine Freundin nicht aufweckt, noch reget, bis es ihr selbst gefällt.«

Dieses Zitat aus dem Hohen Lied Salomons sollte man rücksichtslosen Zeitgenossen ins Stammbuch schreiben.

Daß wir uns gegen die Außenwelt abschirmen müssen, um ungestört zu bleiben, ist eigentlich jammerschade, denn am tiefsten schläft der Mensch, wenn er sich mit der unverfälschten Natur in Einklang fühlt, wenn er den würzigen Geruch des Waldes oder des frisch gemähten Grases einatmen kann, wenn er das beruhigende Rauschen der Blätter hört.

Eines der schönsten Plädoyes für den Schlaf unter freiem Himmel stammt von dem Minnesänger Walther von der Vogelweide, der allerdings das große Glück hatte, das Lager in der Natur mit einer Geliebten zu teilen. Mehr als siebenhundert Jahre alt ist dieses Gedicht und hat noch immer nichts von seinem Zauber verloren:

> Unter der Linden
> An der Haide,
> Da unser zweyer Bette was,
> Da möget ihr finden
> Schöne Beyde
> Gebrochen Blumen und Gras.
> Vor dem Walde in einem Thal,
> Tandaradei! schöne sang die Nachtigall.

Ich kam gegangen
Zu der Aue,
Das was mein Friedel kommen eh;
Da ward ich empfangen:
Here Fraue,
Daß ich bin selig immer meh.
Er küßte mich wohl tausend Stund,
Tandaradei, seht wie rot ist mir der Mund!

Da hat er gemachet
Also reiche
Von Blumen eine Bettestatt
Des wird noch gelachet
Innigliche,
Kömmt jemand an dasselbe Pfat;
Bey den Rosen er wohl mag
Tandaradei! merken, wo mirs Haupt lag.

Daß er bey mir lege,
Wüßt es jemand,
Behüte Gott, so schäm ich mich.
Was er mit mir pflege,
Nimmer niemand
Befinde das, wann er und ich,
Und ein kleines Vögellein,
Tandaradei! das mag wohl getreue seyn.

Auch der englische Erzähler Robert Louis Stevenson (1850–1894) wußte um den großen Reiz der im Freien verbrachten Nächte. Bei ihm heißt es:

»Die Nacht ist eine tote, eintönige Zeit unter einem Dach: doch in der freien Natur geht sie leichter vorüber, mit Sternen, Tautropfen und Düften, und wie sich das Antlitz der Natur verändert, so teilen sich ihre Stunden ein. Was eine Art vorübergehender Tod zu sein scheint, wenn man zwischen Mauern und hinter Vorhängen eingesperrt ist, ist für den, der im freien Feld schläft, nichts als ein sanfter und heiterer Schlummer. Die ganze Nacht über kann er die Natur tief und frei atmen hören. Selbst wenn sie ausruht, verwandelt sie sich und lächelt. Wer in den Häusern wohnt, kennt nicht die erregende Stunde, da ein belebender Hauch über die schlafende Hemisphäre hinwegstreicht, und die Welt erwacht.«

Leider werden die Plätze, an denen wir wenigstens die Fenster unserer Schlafzimmer ungefährdet öffnen können, immer rarer. Statt würziger Waldluft und Blätterrauschen dringen Abgase, Giftwolken oder Gangster ein. So bleibt uns oft nichts anderes übrig, als uns ein kleines Stück Natur ins Haus zu holen – eine Grünpflanze zum Beispiel. Solange die Blüten keinen allzu intensiven Geruch verbreiten, ist gegen diesen Raumschmuck im Schlafzimmer nichts einzuwenden. Im Gegenteil, Pflanzen wirken sich günstig auf den Sauerstoffgehalt aus.

Nur wird sich in vielen deutschen Schlafzimmern auf die Dauer auch die anspruchsloseste und widerstandsfähigste Pflanze nicht lange halten, weil die Bewohner den merkwürdigen Ehrgeiz haben, in Eiseskälte zu schlafen. Immer wieder heißt es: »Der Schlaf in kalten Räumen ist gesund.« Ein ganzes Heer zitternder Menschen, die Nacht für Nacht trotz vieler Decken wegen der klammen Kälte keine Ruhe finden, spricht eindeutig gegen diese Theorie und entlarvt sie als unsinnige Behauptung. Außerdem entsteht durch die Sparsamkeit am falschen Platz im Schlafgemach ein äußerst ungesundes Raumklima. Die Körperwärme und der ausgestoßene Atem führen dazu, daß sich an den Wänden und an den Fenstern Kondenswasser bildet. Die Bettwäsche fühlt sich feucht an und riecht leicht muffig.

Der alte Goethe, der noch nicht die Segnungen einer Zentralheizung mit automatischer Temperaturregelung kannte, schützte sich im hohen Alter vor der gefährlichen Feuchtigkeit, indem er rund um sein Bett dicke Wandteppiche aufhängen ließ, die nach dem Löschpapierprinzip das Wasser aufsaugten: morgens wurde der Wandbehang dann zum Auslüften und Trocknen aufgehängt.

Auch der französische Schriftsteller Emile Zola (1840–1902) beklagte sich immer wieder bitter über die Kälte und durchdringende Feuchtigkeit seines Schlafzimmers, bis er dort einen großen Ofen aufstellen ließ, der auch nachts beheizt wurde. Doch die Sehnsucht nach nächtlicher Wärme wurde Zola zum Verhängnis. Er starb an den giftigen Dämpfen aus seinem Ofen, die er im Schlaf eingeatmet hatte.

Wer in Museen, Burgen oder Schlössern die Lagerstätten unserer Urahnen bewundert, wird rasch feststellen, daß die Betten früher entweder sehr kurz oder extrem breit waren. Beide Eigenheiten trugen dem Wärmebedürfnis der Schlafenden Rechnung. Das kurze Bett zwang den Menschen dazu, sich mit angezogenen Beinen zusammenzurollen wie eine Katze, so daß er sich sozusagen an sich selbst wärmen konnte.

In den breiten Betten, die beispielsweise in Gasthäusern gang und gäbe waren, schlief man in aller Unschuld zu dritt, zu viert oder gar zu fünft – nicht etwa der Erotik wegen, sondern nur, weil die bunt zusammengewürfelte Schlafgesellschaft ein gewisses Maß an Wärme garantierte. Daß es in diesen Mehrpersonenbetten längst nicht immer nur friedlich zuging, weiß Gottfried Keller (1819–1890) anschaulich zu berichten. In seiner Novelle *Die drei gerechten Kammacher* erzählt er von den Handwerksburschen Jobst, Dietrich und Fridolin, die im Haus ihres Meisters zu dritt in einem Bett schlafen. Keiner traut dem anderen über den Weg, denn sie haben ihre Ersparnisse unabhängig voneinander unter dem steinernen Fußboden der Kammer versteckt. Da heißt es von den drei Gesellen, die eben noch »still und verträglich wie drei Bleistifte« nebeneinander ruhten: »Ein und derselbe Traum schwebte allnächtlich über dem Kleeblatt, bis er einst so lebendig wurde, daß Jobst an der Wand sich herumwarf und den Dietrich anstieß. Dietrich fuhr zurück und stieß den Fridolin, und nun brach in den schlummertrunkenen Gesellen ein wilder Groll aus und in dem Bette der schreckbarste Kampf, indem sie während drei Minuten sich so heftig mit den Füßen stießen, traten und ausschlugen, daß alle sechs Beine sich ineinander verwickelten und der ganze Knäuel unter furchtbarem Geschrei aus dem Bett purzelte. Sie glaubten, völlig erwachend, der Teufel wolle sie holen, oder es seien Räuber in die Kammer gebrochen; sie sprangen schreiend auf, Jobst stellte sich auf seinen Stein, Fridolin eiligst auf seinen und Dietrich auf denjenigen, unter welchem sich bereits auch seine kleine Ersparnis angesetzt hatte, und indem sie so in einem Dreieck standen, schrien sie Zetermordio und riefen: ›Geh fort, geh fort!‹, bis der erschreckte Meister in die Kammer drang und die tollen Gesellen beruhigte. Zitternd vor Furcht, Groll und Scham zugleich krochen sie endlich wieder ins Bett und lagen lautlos nebeneinander bis zum Morgen.«

Glücklicherweise ist der Mensch des 20. Jahrhunderts – ein paar Vorteile muß ja auch unsere Zeit haben – nicht mehr auf die Gesellschaft wildfremder Bettgefährten angewiesen, wenn er es nachts behaglich warm haben will. Und nichts spricht dagegen, wenn auch im Schlafzimmer die Heizkörper aufgedreht werden, so daß im Winter beim Zubettgehen eine Temperatur von etwa 18 Grad Celsius herrscht. Es genügt, wenn man das Schlafzimmer morgens und vor dem Schlafengehen gut lüftet. Zwar braucht unser Organismus während des Schlafes sehr viel Sauerstoff, weil die Atmung verlangsamt ist, aber wer am Abend noch einmal das Fenster öffnet und frische Luft hereinläßt, kann sicher sein, daß der Sauerstoffgehalt bis zum nächsten Tag ausreicht.

Wird das Schlafzimmer beheizt, dann sollte man regelmäßig die Gefäße mit Wasser füllen, die an den Heizkörpern hängen und so die erforderliche Luftfeuchtigkeit garantieren. Anderenfalls trocknen die Schleimhäute im Mund und in der Nase des Schlafenden aus, so daß sich quälender Durst oder Hustenanfälle einstellen.

Bisher bewegten sich alle unsere Empfehlungen für die Ausstattung eines idealen Schlafzimmers auf wissenschaftlich gesicherten Bahnen, die wir jetzt für einen kurzen Augenblick verlassen müssen. Immer wieder hört man, es sei gesund und schlaffördernd, das Kopfende des Bettes mit Hilfe eines Kompasses nach Norden auszurichten, so daß die Füße gen Süden zeigen.

Der Dichter Christian Morgenstern (1871–1914) hat sich augenzwinkernd über diese Empfehlung lustig gemacht. Er schreibt in einem Gedicht:

>»Palmström ist nervös geworden,
>Darum schläft er jetzt nach Norden.
>Denn nach Osten, Westen, Süden
>Schlafen heißt das Herz ermüden.«

Im weiteren Verlauf des Gedichts spricht Palmström mit seinem Bekannten, Herrn von Korf, über seine Erkenntnis. Und munter dichtet Morgenstern weiter:

>»Als er dies von Korf erzählt,
>Fühlt sich dieser leicht gequält,
>Denn für ihn ist Selbstverstehung,

Daß man mit der Erdumdrehung
Schlafen müsse, mit dem Pfosten
seines Körpers strikt nach Osten.«

Der scharfzüngige Dichter hat damit die ganze Verwirrung geschildert, die dieses Thema immer wieder auslöst. Denn andere Theorien besagen, daß der Kopf des Schlafenden in Richtung Westen gebettet sein sollte, damit der Erdmagnetismus den Schlaf nicht negativ beeinflußt.

Da aber der magnetische Nordpol mehr nordwestlich liegt, sollte man das Bett vielleicht in diese Richtung stellen. So jedenfalls hat es der englische Schriftsteller Charles Dickens (1812–1890) zeit seines Lebens gehalten. Sogar in Hotels und Herbergen rückte er sein Bett so zurecht, daß ihm der Erdmagnetismus nichts anhaben konnte. Und Dickens war bekanntlich ein Experte auf dem Gebiet des gesunden und des gestörten Schlafs, dem er immer wieder ganze Kapitel in seinen Büchern gewidmet hat.

Der Mensch ist ein kosmisches Wesen, das wahrscheinlich am besten schläft, wenn es sich im Einklang mit den Bewegungen der Erde und der Sterne weiß. Wer unter Schlafstörungen leidet, für die er keine Erklärung findet, sollte sein Bett getrost ein bißchen hin und her schieben, bis er die richtige Position gefunden hat, die ihm die ersehnte Ruhe beschert.

Schlaflose Nächte kann einem der Gedanke bereiten, ausgerechnet im Schnittpunkt unsichtbarer Erdstrahlen zu schlafen, die nur von erfahrenen Rutengängern ausgemacht werden können. Zwar verneint die Wissenschaft die Existenz solcher Reizzonen, angeblich ausgelöst durch unterirdische Wasseradern und Erdverwerfungen, aber die Experten auf diesem Gebiet haben in den letzten Jahrzehnten so viele eindrucksvolle Beispiele für die zerstörerische Wirkung dieser unheimlichen Kräfte geliefert, daß auch skeptische Zeitgenossen zugeben mußten: Ganz unberechtigt sind die Warnungen vor den Strahlen nicht.

Mit Hilfe von Wünschelruten, Pendeln und Meßgeräten fanden die Fachleute die Häuser, in denen die Bewohner seit Generationen schlecht schliefen oder sogar immer wieder an heimtückischen Leiden erkrankten. Der beste Schutz vor diesen Einflüssen ist ein Ortswechsel. Die Opfer der Strahlen stellten fest, daß sie sich schlagartig wohler fühlten und besser schliefen, nachdem sie ihr Lager in einem anderen Raum aufgeschlagen hatten. Eisenbetten sollte man in solchen Fällen sofort auf den Sperrmüll werfen, weil sie die Kraft der Strahlen verstärken. Das jedenfalls behaupten die Spezialisten auf diesem Gebiet.

Wer mit seinem Bett aus Raummangel nicht umziehen kann, hat die Möglichkeit, beim einschlägigen Fachhandel eine abschirmende Decke zu erwerben, die zwischen Matratze und Bettlaken gelegt wird.

Zu dem zerstörerischen Bündel natürlicher Erdstrahlen kommt noch ein wahrer Wellensalat, den der Mensch mit Hilfe der Technik in seinen Häusern küntlich erzeugt und der mindestens ebenso schädlich ist. Denn auch wenn sie ausgeschaltet sind, senden Fernseh- und Radiogeräte, Ventilatoren, Heizlüfter und Minieisschränke unsichtbare Reizstrahlen aus, die dazu angetan sind, sensiblen Naturen die Ruhe zu rauben. Alle diese Gegenstände haben in unmittelbarer Nähe des Bettes nichts zu suchen. Rund um das Lager sollte man im Interesse der eigenen Gesundheit eine reizfreie Zone schaffen.

Inzwischen gibt es Fachleute, die den Bauherrn auch in diesen Fragen beraten. Wer mit ihnen in Verbindung tritt, sollte sich Referenzen nennen lassen, damit er sich von der Kompetenz dieser Experten vor Vertragsabschluß überzeugen kann.

Die Spezialisten empfehlen auch, nicht direkt über Öltanks oder Tiefkühltruhen zu schlafen. Sie sorgen nämlich dafür, daß im Bereich des Bettes ein gefährliches magnetisches Feld entsteht. Selbst die dickste Kellerdecke reicht nicht aus, um den verhängnisvollen Einfluß zu unterbinden.

In Altbauten, die man nur schwer und nur mit hohem Kostenaufwand von Grund auf erneuern kann, läßt sich der Stromkreis im Schlafzimmer durch einen sogenannten Netzfreischalter unterbrechen, der vor dem Zubettgehen betätigt wird. Dann muß man allerdings auf das Licht der Nachttischlampe und auf den strombetriebenen Radiowecker verzichten. Der Netzfreischalter kann ohne großen Aufwand nachträglich eingebaut werden und kostet kein Vermögen.

Nun wird mancher Leser gerade diese Empfehlung mit Stirnrunzeln zur Kenntnis nehmen und kopfschüttelnd sagen: »Alles Unsinn! Mein Schlafzimmer ist mit modernster Elektrotechnik bestückt, und dennoch schlafe ich wie ein Murmeltier.«

Wer so urteilt, gehört zu den Glücklichen, denen Schlafprobleme völlig fremd sind. Mit den unsichtbaren Strahlen ist es so wie mit der Sonne. Dem einen macht ein ganztägiges Sonnenbad überhaupt nichts aus, während ein anderer mit empfindlicher Haut schon nach einer halben Stunde über schmerzhaften Sonnenbrand klagt.

Die Existenz krankmachender Störzonen, die vor allem unmittelbar über dem Fußboden besonders heftig auftreten, ist auch ein Grund, nicht flach auf einer Matte oder Matratze auf dem Boden zu schlafen – auch wenn diese Bettenform zur Zeit durch den starken fernöstlichen Einfluß »in« ist. Die dem japanischen Futon nachempfundenen superflachen Betten gelten als letzter Schrei europäischer Wohnkultur. Freilich, jahrhundertelang haben die Japaner auf ihren wattierten Decken, die sie übereinanderstapeln, sanft und friedlich geschlafen. Aber seitdem auch in ihre Häuser die Technik eingezogen ist und sie statt natürlicher Baustoffe Beton verwenden, häufen sich auch dort die Klagen über gestörten Schlaf.

Bei einem Bett ohne Beine kann die Luft nicht zirkulieren, so daß sich unter dem Lager rasch Feuchtigkeit bildet. Außerdem ist der Schlafende schutzlos dem Hausstaub ausgeliefert, der wenige Zentimeter über dem Fußboden besonders konzentriert auftritt.

Eine Schlafhöhe von mindestens 50 Zentimetern kommt unserem Bedürfnis nach Geborgenheit entgegen. Im Grunde sind wir Menschen wie die Katzen, die sich gern einen erhöhten Schlafplatz suchen, weil sie sich dort am sichersten fühlen.

Der einzige Vorteil des ebenerdigen Schlafens ist die Tatsache, daß man nicht aus dem Bett fallen kann. Lebenskünstler schätzen es darüber hinaus, wenn sie rund um ihr Matratzenlager all die Dinge aufbauen können, die sie für ihr Wohlbefinden brauchen: Bücher, Zeitschriften, Plattenspieler, Gläser, Weinflaschen, Zigaretten und Aschenbecher.

Im Zimmer schlafgestörter Menschen haben diese Gegenstände jedoch nichts zu suchen. Das Rauchen im Bett ist nicht nur eine unhygienische Angelegenheit, sondern auch ein äußerst gefährliches Unterfangen. Aus gutem Grund schmücken manche Hotelbesitzer ihre Gästezimmer mit dem sinnigen Wandspruch: »Rauchen Sie nicht im Bett; die Asche, die zu Boden fällt, könnte die Ihre sein.«

Detektivischen Spürsinn muß man entwickeln, wenn die Schlafstörungen durch chemische Schadstoffe ausgelöst werden – und hier sind nicht die unangenehmen Rückstände von Tabakrauch gemeint. Arglos gehen wir mit Chemikalien um, die uns nachts den Schlaf rauben. Eines der bekanntesten Wohngifte ist das Formaldehyd, das sich in Teppichen, Textilien, Spanplatten und Fußbodenversiegelungsmitteln findet. Die Dämpfe reizen die Schleimhäute, führen zu Husten und Kopfschmerzen. Besonders gefährlich werden die Schadstoffkonzentrationen, wenn der Luftwechsel durch Isolierfenster völlig blockiert wird. Nach der großen Ölkrise haben viele Haus- und Wohnungsbesitzer den Ehrgeiz entwickelt, ihre Fenster so dicht zu machen, daß auch nicht der geringste Lufthauch in die Räume eindringen kann. Aber diese Sparsamkeit am falschen Platz hat schlimme Folgen, weil all die schädlichen Dämpfe der zahlreichen Chemikalien nicht abziehen können. In solchen Fällen lohnt es sich oft, einen Baufachmann um Rat zu fragen, der dann Fenster mit ausreichender Grundlüftungsfunktion empfehlen wird.

Wer sich nachts allein in sein Schlafzimmer zurückzieht, kann dort schalten und walten, wie er will. Doch es gibt unzählige Menschen, die ihr Lager mit einem Partner teilen müssen. Was heißt hier müssen? Viele von ihnen sehen in diesem Umstand einen großen Vorteil, auf den sie nicht verzichten möchten. Vereint oder getrennt schlafen? Diese Frage erregt immer wieder die Gemüter, löst Diskussionen und sogar diplomatische Verwicklungen aus.

Als die englische Kronprinzessin Vicky, die Tochter der Königin Victoria, 1892 zusammen mit ihrem Mann Kronprinz Friedrich Wilhelm Österreich einen Staatsbesuch abstattete, hatte der Wiener Hof auf Schloß Hetzendorf zwei getrennte Schlafzimmer für das erlauchte Paar herrichten lassen. Doch die Reisenden empfanden die Trennung als Zumutung, und die temperamentvolle Kronprinzessin befahl noch in der ersten Nacht: »Lassen Sie sofort das Bett meines Mannes in mein Schlafzimmer bringen.« Von nun an galt die Prinzessin, die so energisch für ihr Recht auf Intimität eingetreten war, am Wiener Hof als »schreckliche Person«. Die Verärgerung soll damals den gesamten Staatsbesuch überschattet haben.

Wahre Loblieder auf das gemeinsame Lager sind auch die auf Fresken und Sarkophagen dargestellten Betten der alten Etrusker. Sie zeigen anmutig hingegossene Paare, auf deren steinernen Gesichtern ein entrücktes, seliges Lächeln liegt, das Bände spricht. Zärtlich umfängt der Arm des Mannes die Taille der Gefährtin – ein Vergnügen, das über die Jahrtausende hinweg seinen Reiz immer noch nicht verloren hat.

Den asketischen Kirchenvätern aber war es schon immer ein Dorn im Auge, wenn Mann und Frau zusammen schliefen – oder »in Sünde beieinander liegen«, wie es in einer frommen Schrift heißt. So ging im 15. Jahrhundert Karl der Kühne schließlich mit gutem Beispiel voraus und ließ für seine Gemahlin Isabella ein eigenes Bett aufstellen, und zwar in geziemender Distanz zu seiner eigenen Lagerstatt. Seitdem gilt Karl der Kühne als Erfinder der getrennten Ehebetten.

Mit der Liebe mag es der Monarch so gehalten haben wie die junge Frau, die ihrer Freundin bei einer Hausbesichtigung die getrennten Schlafzimmer zeigte, in denen sie und ihr Mann nächtigten. »Und was ist, wenn dein Mann nachts Sehnsucht nach dir verspürt?« wollte die Besucherin wissen. »Dann pfeift er, damit ich weiß, daß ich in seinem Bett willkommen bin«, erwiderte die stolze Hausbesitzerin. »Ja und was ist, wenn du mal Lust verspürst?« – »Ganz einfach«, erklärte die junge Frau errötend. »Dann rufe ich durch die geöffnete Tür: Hast du gepfiffen, Liebling?«

Einer der glühendsten Feinde des von Ehepaaren geteilten Doppelbettes war ein gewisser Dr. Graham aus London. Bei seinen Vorträgen gegen das »schädliche Zusammenschlafen« zitierte er gern Hamlet: »Nein, zu leben im Schweiß und Brodem eines eklen Betts, gebrüht in Fäulnis, buhlend und sich paarend über dem garst'gen Nest.« Im Jahre 1783 schrieb Dr. Graham: »Es ist schamlos, wenn Mann und Frau jahraus, jahrein wie die Schweine zusammenliegen in ein und demselben Bett, schlafend, schnarchend, ausdünstend.«

Ausgerechnet dieser leidenschaftliche Verfechter des Getrennt-schlafens konstruierte fünf Jahre später ein Doppelbett der Superlative, das auch das »Himmlische« genannt wurde. Auf einer großen Ausstellung präsentierte der Doktor der erstaunten Öffentlichkeit das breite Lager, das mit einem ausgeklügelten Mechanismus versehen war. Auf Knopfdruck begann das Bett zu wanken: dies sollte dazu dienen, die Liebeskraft der Schlafenden auf wunderbare Weise zu stärken. Aus unzähligen unsichtbaren Düsen strömte der Hauch eines sinnverwirrenden Parfums, das die Leidenschaft förderte.

Der geschäftstüchtige Dr. Graham, der über Nacht vom Saulus zum Paulus geworden war, vermietete die üppig gepolsterte Liegewiese an Neugierige zu einem Wucherpreis von fünfzig Pfund pro Nacht. Doch Glück hat ihm die Erfindung nicht gebracht: er starb auf einer harten Pritsche in einem Londoner Armenhaus.

Nüchtern und sachlich hat James Joyce (1882–1941) über das Thema »Ehebett« nachgedacht. Er schrieb: »Welche Vorteile hatte ein besetztes Bett gegenüber einem unbesetzten Bett? Das Fehlen nächtlicher Einsamkeit, die Überlegenheit der menschlichen (reifes Weib) über die nichtmenschliche (Krug mit heißem Wasser) Erwärmung, das Anregende der morgendlichen Berührung, das sparsame Plätten, falls die Hose genau gefaltet der Länge nach zwischen die Sprungfedermatratzen (gestreift) und die wollene Matratze (kariert) gelegt wurde.«

Das Vergnügen, an der Seite eines geliebten Menschen zu liegen, wird stark getrübt, wenn sich einer von beiden nachts als unruhiger Geist erweist, schnarcht, mit den Zähnen knirscht, im Schlaf spricht oder sich ständig unruhig hin und her wälzt. Sogar ausgeglichene Leute wechseln etwa sechzigmal in einer Nacht ihre Schlafstellung, liegen einmal auf dem Rücken, dann auf der Seite, strecken die Beine aus, ziehen sie an und rollen sich zusammen. Diese nächtlichen Aktivitäten können für den Partner zum Ärgernis werden. In solchen Fällen ist es sinnvoller, zumindest in getrennten Betten, wenn nicht sogar in eigenen Schlafzimmern zu ruhen. Diese Trennung muß ja nicht gleich das Ende der liebevollen Beziehung darstellen. Mit ein bißchen Phantasie und gutem Willen lassen sich auch größere Entfernungen überbrücken – notfalls mit Hilfe der Frage: »Hast du gepfiffen, Liebling?«

Das Innenleben des Bettes

Das Bett – die kleinste Wohneinheit
Soviel Platz braucht der Mensch
Hart oder weich schlafen
Ritzen wirken wie Kühlschränke
Das schwingende Lager
Das Bett auf Reisen

> Wie man sich bettet, so schläft man.
> *Sprichwort*

Lassen wir uns nicht von den Tirolern irremachen, von denen es im Volkslied heißt, sie seien trotz des Verkaufs ihrer Betten und trotz der sich daraus ergebenden Notwendigkeit, auf Stroh zu schlafen, froh und zufrieden. Nein, zur wahren Glückseligkeit des Menschen gehört ein »anständiges Bett« – wobei wir noch klären werden, was unter dem Begriff »anständig« zu verstehen ist.

Für den Architekten ist das Bett so etwas wie die kleinste Wohneinheit, um die herum er Häuser, Hotels, Hospitäler und Heime baut. Das Bett ist eine eigene Wohnung im Haus.

Das können vor allem diejenigen bestätigen, die längere Zeit in einer Massenunterkunft genächtigt haben – in einer Kaserne, im Gefängnis oder in einem Krankensaal. Das Bett wird im Schlafsaal zur schützenden Zone, zur Festung, auf die man sich vor den Blicken der anderen zurückziehen kann. Die Unantastbarkeit des Bettes hat sich sogar in der Rechtsprechung niedergeschlagen. In einigen südamerikanischen Ländern dürfen auch langgesuchte Verbrecher nicht verhaftet werden, solange sie im Bett liegen. Und bei uns zählt das Bett zu den wenigen Gegenständen, die der Gerichtsvollzieher nicht pfänden darf.

Betten kündeten früher von der gesellschaftlichen Stellung des

Schläfers und von der Einstellung zu den Freuden des Lebens. In lockeren, sinnesfrohen Zeiten fielen die Liegewiesen immer extrem groß aus – so das berühmte Riesenbett von Ware, eine monströse Lagerstatt mit geschnitzten Säulen und Baldachin, unter dem sich während der Tudorzeit zügellose Orgien abgespielt haben sollen. Das Möbelstück, früher die Attraktion eines Gasthofs in Ware, England, hat alle leidenschaftlichen Anstürme unbeschadet überstanden und kann heute im Londoner *Victoria and Albert Museum* bewundert werden.

Nicht nur solche sturmerprobten Prachtliegen, sondern auch wesentlich unscheinbarere Modelle sind früher von ihren Besitzern als kostbarer Besitz gepflegt, gehegt, gegen Feinde verteidigt und an die Lieben vererbt worden. Shakespeare zum Beispiel hat sein bestes Bett der verheirateten Tochter Susannah vermacht, während er das zweitbeste seiner Frau Ann hinterließ. So stand es in seinem Testament, das heute noch den Literaturhistorikern Kopfzerbrechen bereitet. Was mag den »Schwan vom Avon« dazu bewogen haben, seine Frau durch diese Erbfolge derart zu verletzen? Freilich, die Ehe war irgendwann nicht mehr die beste, und William hatte sich längst abgesetzt, aber mußte er die arme Ann auch noch nach seinem Tod derart erniedrigen?

Wer so denkt, übersieht, daß ein Bett auch einen ideellen Wert besitzt, der mindestens so schwer wiegt wie Bequemlichkeit und Komfort. Die Erinnerung an die vielen Stunden des Glücks und die wohltuende Ruhe machen seine besondere Bedeutung aus, die nur der Besitzer zu schätzen weiß. Vielleicht war das Bett, das der große Shakespeare seiner Frau vermachte, gepolstert mit den Blütenblättern und den Schwanendaunen der Erinnerung an die gemeinsame Glückseligkeit, an Nächte voller Liebe und Leidenschaft.

Damit das Bett auch wirklich zu einem heißgeliebten Möbelstück wird, müssen ein paar Voraussetzungen erfüllt sein, auf die man bei

Neuanschaffungen achten muß: Lagerstätten, die die Bezeichnung »Bett« verdienen, zeichnen sich durch einen auf vier Beinen stehenden Bettrahmen, Einsatz (Unterfederung oder Lattenrost), Obermatratze, Bettlaken, Kopfkissen und Zudecke aus. Gut ist das Bett aber nur, wenn es auf das jeweilige Körpergewicht und die Länge des Schläfers ausgerichtet, also sozusagen maßgeschneidert ist. Auch auf den geschlechtsspezifischen Körperbau sollte es Rücksicht nehmen, denn während die Frau das Bett im Bereich des Beckens am stärksten belastet, geht beim Mann der größte Druck von den Schultern aus.

Wir brauchen zwar keine Liegewiese, wie sie nach dem fünften Buch Moses der legendäre ellenlange König Og, der letzte Nachfahre der Riesen, sein eigen nannte, aber 200 Zentimeter lang und einen Meter breit sollte die Lagerstatt schon sein, damit sie die nötige Bewegungsfreiheit garantiert. Die ideale Breite eines Doppelbettes beträgt 180 bis 200 Zentimeter.

Asketische Zeitgenossen wollen uns weismachen, nur ein ganz hartes Bett sei gesund und garantiere einen festen Schlaf. Das ist ein weit verbreiteter Irrtum. Soll das Bett wirklich erquickenden Schlaf ermöglichen, dann darf es weder zu hart noch zu weich sein. Die Unterlage muß uns im Bereich des Schwergewichts ausreichend Stützkraft geben und gleichzeitig so nachgiebig sein, daß die Wirbelsäule ihre natürliche Form behält.

Unzählige Leute klagen ständig über heftige Rückenschmerzen, die nur auf das falsche Bett zurückzuführen sind. Um dieses Übel abzustellen, betreiben einige Möbelhersteller sehr ernsthaft und mit großem Kostenaufwand »Bettforschung«, deren Ergebnisse dem Kunden zugute kommen. Eine der wichtigsten Erkenntnisse dieses neuen Forschungszweigs lautet: Die ideale Unterfederung des Bettes besteht aus quer zur Körperachse verlaufenden biegsamen Latten, die auf das individuelle Körperprofil des Schlafenden eingestellt werden können. Denn das Universalbett, auf dem alle gleich gut schlafen, gibt es nicht.

Falsch wäre es, auf die neue Unterfederung eine alte, längst ausgediente Matratze zu legen. Das Prädikat »schlaffördernd« hat nur die Matratze verdient, die durch ein ausgewogenes Verhältnis zwischen Kern und Außenpolster den Körperdruck des Schlafenden auffängt und an die Unterlage weiterleitet. Hohlräume in der Matratze müssen dafür sorgen, daß sie ständig gut durchlüftet wird, so daß sich im Inneren keine Feuchtigkeit festsetzen kann. Immerhin schwitzen wir pro Jahr im Schlaf rund 100 Liter Flüssigkeit aus, und der größte Teil sickert in die Matratze. Dort bildet die Feuchtigkeit einen idealen Nährboden für Hausmilben, Pilze und Bakterien. Die im Schweiß enthaltenen Säuren verleihen der Matratze im Laufe der Jahre einen etwas säuerlichen, muffigen Geruch. Dieses Alarmzeichen sollte Anlaß genug sein, sich eine neue Unterlage anzuschaffen.

Immer mehr Menschen schwören auf ihre Schaumgummimatratzen, die es in verschiedenen Härtegraden zu kaufen gibt, so daß auch Schwergewichtige ihr ideales Lager finden. Ein ausgeklügeltes Luftkammersystem sorgt für ein gesundes Bettklima.

Grundsätzlich erkennt man eine gute Matratze an der Mulde, die sich dort bildet, wo die Belastung durch den Körper am größten ist. Erhebt sich der Schläfer, dann muß die Mulde von allein wieder verschwinden – und das auch nach längerem Gebrauch.

Schläft es sich nun besser auf einer ein- oder einer mehrteiligen Matratze? Die Fachleute raten fast einstimmig von der mehrteiligen Matratze ab, weil die Ritzen Folterqualen verursachen können. Dazu muß man gar nicht so empfindlich sein wie die Prinzessin auf der Erbse, deren Geschichte wir an anderer Stelle dieses Buches erzählen.

Als Kinder fanden wir es äußerst behaglich, wenn wir uns morgens zwischen Mama und Papa auf die Bettritze legen durften. Mit zunehmendem Alter aber erfahren wir schmerzhaft, daß sich jede Unterbrechung des Matratzenlagers negativ auf unseren Schlaf auswirkt. Denn in unmittelbarer Nähe der Ritzen wird ein Temperaturunterschied zur übrigen Fläche gemessen, der drei bis sechs Grad Celsius beträgt. Dann kommt es schnell zu Unterkühlungen des Rückens. Der Schlafende erwacht vorzeitig, kann nicht wieder einschlafen und klagt am Morgen über Rückenschmerzen.

Neuerdings gibt es wassergefüllte Matratzen, die auf den ersten Blick wie ganz normale Federkernmatratzen aussehen und in fast jedes Bettgestell passen. Sie bieten den Komfort eines richtigen Wasserbetts, das immer noch zu den bewunderten, aber auch gefürchteten Exoten unter den Lagerstätten zählt. Dabei sind sie nach Meinung erfahrener Mediziner vor allem für Menschen mit Bandscheibenbeschwerden gut geeignet. Eine Thermostatheizung sorgt dafür, daß das Bett vor dem Schlafengehen angenehm erwärmt wird. Doch gerade an diesem Heizsystem entzündet sich manchmal die Kritik der Schlafforscher, weil durch die technische Einrichtung ein elektromagnetisches Feld gebildet wird, das – wie wir bereits gehört haben – den Schlaf empfindlicher Naturen stören kann.

Ist die Schutzhülle mit Wasser prall gefüllt, so fällt das Gluckern weg, das nicht jedermanns Sache ist. Mancher, der mit der Anschaffung des Wasserbetts geliebäugelt hat, hat den Kauf später wieder verschoben, weil er befürchtete, das Ding könnte eines Tages platzen und eine wahre Sintflut auslösen. Andere meinen, ihr Haus könnte unter der schweren Belastung zusammenbrechen. Beide Befürchtungen sind unbegründet. Bei Qualitätsbetten – die allerdings auch ihren Preis haben – ist der Inhalt durch doppelte Schutzhüllen gesichert. Und die Statik unserer Häuser ist heute so berechnet, daß sie das Gewicht eines Wasserbettes, das sich auf eine größere Fläche verteilt, durchaus tragen können.

Aus einer Befragung, die allerdings nicht repräsentativ war, geht hervor, daß die große Mehrzahl der Wasserbettbesitzer äußerst zufrieden ist und die Anschaffung nicht bereut.

Vielleicht besteht der Reiz dieser wassergefüllten Betten darin, daß sie in unserem Unterbewußtsein Erinnerungen an die Zeit erwecken, in der wir uns im mütterlichen Fruchtwasser geborgen und beschützt fühlen durften. Angeblich sollen ja Ungeborene diese Phase ihres Daseins sehr genau und bewußt wahrnehmen.

Ein anderes Sondermodell unter den Lagerstätten ist das Bett, das sich auf Knopfdruck in sanfte Schwingungen versetzt. Schon liegen die ersten Erfahrungsberichte aus Spezialkliniken vor, die einwandfrei besagen, daß dieses Bett dazu angetan ist, die Schlafqualität zu verbessern. Sogar hochsensible schlafgestörte Menschen fanden im schwingenden Bett erstmals erquickende Ruhe, so daß sie morgens ausgeruht erwachten. Vor allem der so wichtige Tiefschlaf wird durch dieses Wunderbett wesentlich verlängert. Nichts scheint entspannender zu sein als der schaukelnde Rhythmus, in dem auch die Wiege hin und her bewegt wird. Tacitus, der unbestechliche Chronist, berichtet, die alten Germanen hätten nicht nur ihre Babys, sondern auch die Greise in Wiegen gelegt, damit sie Ruhe gaben. Königskinder schliefen selig auf dem gewölbten Schild ihrer kriegerischen Väter, das dadurch endlich einen vernünftigen Zweck erfüllte. Alle Wiegenlieder dieser Welt sind in ihrem Rhythmus diesem Auf und Ab nachempfunden.

> Guten Abend, gute Nacht,
> mit Rosen bedacht,
> mit Näglein besteckt,
> schlüpf unter die Deck.
> Morgen früh, wenn Gott will,
> wirst du wieder geweckt.

Wenn es darum ging, den Nachwuchs sanft in den Schlaf zu wiegen, erwiesen sich die Mütter immer als besonders erfinderisch. In früheren Zeiten betteten sie die Kinder in dicke ausgehöhlte Baumstämme, zimmerten wie beim Schlitten Kufen unter das Bettchen oder legten ihr Baby in ein Weidenkörbchen, das mit einem Seil an der Decke des Zimmers oder an einem Baumast befestigt wurde, so daß es sacht hin und her pendelte.

Wer einmal bei mäßigem Wellengang an Bord eines Schiffes in der Koje oder in einer Hängematte geschlafen hat, weiß, wie besänftigend es sein kann, wenn man in einer ewig schaukelnden Wiege die Augen schließen darf.

Und wenn schon von Schlafen und Reisen die Rede ist, dann darf man die Verdienste der alten Römer nicht vergessen, die als die Erfinder des Schlafwagens gelten. Sie nannten das Gefährt *carruca dormitoria*. Dabei handelte es sich um überdeckte Pferdewagen mit schmalen Betten, in denen man wegen des ständigen Holperns wohl nur leicht vor sich hin dösen konnte.

Immer schon verspürte der Mensch das Bedürfnis, seine Lagerstätte mit auf die Reise oder die Wanderschaft zu nehmen – einmal, um keine Zeit zu vergeuden, zum anderen, um auch in der Fremde ein vertrautes Möbelstück bei sich zu haben. »Nimm dein Bett und wandere«, sagt Christus zu dem Lahmen, den er auf wunderbare Weise geheilt hat. Was sich der dankbare Patient auf die Schultern lud, hatte mit unseren schweren Bettgestellen wenig gemeinsam. Vielmehr muß es sich um eine Art Matte, um ein leichtes Reisebett, gehandelt haben.

Es gibt Leute, die felsenfest behaupten, nirgendwo so gut und fest zu schlafen wie in einem Schlafwagen der Eisenbahn. Das wird auf den gleichmäßigen Singsang der Räder zurückgeführt, der eine einschläfernde Wirkung haben soll.

Was sonst noch ins Bett gehört

Kein Bett für jede Jahreszeit
Am wichtigsten ist die Zudecke
Wenn die Decke zum Futteral wird
Die Füllung
Nackenrolle hilft gegen Kopfschmerzen
Warum man nicht nackt schlafen soll

> Auf der Erde manches Glück
> führt man auf das Bett zurück.
> *Wilhelm Busch*

Die Statistik bringt es an den Tag: Nur alle 17 Jahre gönnt sich die deutsche Durchschnittsfamilie eine neue »Bestückung« ihrer Betten – Matratze, Kissen, Zudecke und Bettlaken. Wenn der Fachhandel meint, diese Frist sei viel zu lang, so erfolgt der Hinweis nicht nur aus Gründen des materiellen Gewinns, sondern auch aus Sorge um die Gesundheit der Kunden. Gesunder Schlaf kann sich nur einstellen, wenn auch die Ausstattung des Bettes stimmt.

Niemand trägt im Winter dieselbe Garderobe, die er auch an heißen Sommertagen anzieht. Von seinem Bett aber erwartet der Mensch, daß es ihm zu jeder Jahreszeit – gleichgültig, ob es draußen kalt oder warm ist – wohltuende Entspannung beschert. Am wohlsten fühlen wir uns, wenn unter der Bettdecke eine Temperatur von rund 30 Grad Celsius und eine relative Luftfeuchtigkeit von 65 Prozent herrschen. Daraus ergibt sich die Notwendigkeit, für Winter und Sommer unterschiedliche Zudecken bereitzuhalten.

Zu einer kompletten Bettausstattung gehört unbedingt ein sogenanntes Unterbett, das auf der Matratze liegt und einen Wärmeverlust während des Schlafs verhindern kann. Es saugt die Körperflüssigkeit auf und macht die Matratze noch ein bißchen weicher und bequemer. Auch das Laken soll eine behagliche trockene Wärme im Bett gewährleisten.

Am wichtigsten aber ist die Zudecke, von der die Qualität des Schlafs abhängt. Denn niemand liegt während der ganzen Nacht steif und starr wie ein Brett im Bett. Bereits kurz nach dem Einschlafen werden mehr oder weniger heftige Zuckungen der Glieder beobachtet, die als ganz natürlich gelten, auch wenn sie der Schlafende selbst als äußerst lästig empfindet. Vor allem während der unruhigen Traumphasen wechseln wir ständig unsere Lage, wälzen uns unruhig hin und her, wobei merkwürdigerweise Rechtshänder längst nicht so temperamentvoll sind wie Linkshänder. Ist die Zudecke zu kurz oder zu leicht, dann kann man sich bei den unwillkürlichen Bewegungen rasch bloßstrampeln, so daß ganze Körperteile unbedeckt sind. Die Folge: Der Schlafende erwacht, weil irgendein Körperteil unterkühlt ist.

Besonders kälteempfindlich sind die Füße, die meistens etwas schwächer durchblutet sind als die oberen Körperbereiche. Sinkt die Temperatur der Füße während des Schlafs nur um ein halbes Grad, weil die Decke zu kurz ist, dann wacht der Schlafende fast zwangsläufig auf. Wer unter niedrigem Blutdruck und »Eisbeinen« leidet, dem sei geraten, vor dem Zubettgehen mit Hilfe von Wechselbädern die Füße anzuwärmen und erst dann unter die Decke zu schlüpfen.

Grundsätzlich gilt: Groß genug ist die wärmende Zudecke erst dann, wenn sie bei dem Schlafenden, der ausgestreckt daliegt, bis zum Kinn und bis zu 20 Zentimeter über die Füße hinweg reicht. Dann erfüllt sie auch ihren Zweck, wenn wir uns nachts ruhelos hin und her wälzen.

In manchen italienischen, französischen und Schweizer Hotels findet man ein Bett vor, dessen Machart den unerfahrenen Gast erst einmal vor ein Rätsel stellt. Die wärmende Zudecke besteht aus einer

Wolldecke und einem Leintuch, dessen Seiten fest unter die Matratze gesteckt sind, so daß man sich verblüfft fragt: »Wie soll ich in dieses Bett kriechen?«

Die Kunst besteht darin, einen Zipfel der beiden Decken zu lockern und dann mit mehreren Körperwindungen in das enge Futteral zu schlüpfen. Bei dieser Form des sehr zeitraubenden Bettenbaus fällt der lästige Blasebalgeffekt weg, der sich bei lockerer Zudecke durch das Herumwälzen einstellt. Bei jeder Bewegung gerät kalte Luft unter die Decke, so daß der Schlafende plötzlich einen kalten Windhauch verspürt.

Das Schlafen in dem engen Futteral hat also durchaus seine Vorzüge. Dennoch bevorzugen inzwischen die meisten Europäer das sogenannte »skandinavische Schlafen« unter locker aufgelegter Zudecke. Ohne Zeitverlust kann man sich ins Bett legen und sich unter die wärmende Decke kuscheln.

Wenn es um die Füllung des Bettes geht, kann der Verbraucher heute ganz nach persönlichem Geschmack und nach seinem Geldbeutel unter den verschiedensten Stoffen wählen.

Das traditionsreichste Innenleben der Zudecke ist die Schafschurwolle, denn schon unsere Vorfahren, die alten Germanen, schlüpften nachts unter die Felle der von ihnen erlegten Tiere. Heute wird die Wolle als Füllung für das Vier-Jahreszeiten-Bett geschätzt, denn sie wirkt in jeder Jahreszeit klimaausgleichend.

Wer es gern ein bißchen exotisch hat, entscheidet sich für Kaschmir als Füllmaterial. Das dichte, stark gekräuselte Unterhaar der Kaschmirziege ist trotz seines niedrigen Gewichts außerordentlich wärmend.

Für ein trockenes Bettklima sorgt das Kamelhaar, während Lamahaar Wärme und Behaglichkeit gewährleistet. Federn und Daunen von Gänsen und Enten gelten als klassisches Füllmaterial. Nur wenn der Daunenanteil besonders hoch ist, gilt die Zudecke als luxuriös und schlaffördernd.

»Nämlich dieses weiß ein jeder: Wärmehaltig ist die Feder«, dichtete der schmunzelnde Philosoph Wilhelm Busch. Doch bei den Federn gibt es große Unterschiede. Sie stammen entweder von der Ente oder von der Gans.

Eiderdaunen bilden sozusagen die Luxusfüllung für den verwöhnten Schläfer. Der zarte braune Brustflaum der Eiderente, die hauptsächlich in Island zu Hause ist, kommt allerdings so selten vor, daß diese Federn verhältnismäßig kostspielig sind.

Doch bei den Daunen gibt es viele Preis- und Qualitätsunterschiede, so daß der Verbraucher je nach Geldbeutel aus einem großen Angebot auswählen kann. Ausgereifte und handgerupfte Daunen sind hochwertiger als kleine unreife, die dazu noch maschinell gerupft werden.

Entenfedern, die schmal sind und vorne eine feine Spitze aufweisen, gelten als solide Gebrauchsfüllung. Die Gänsefeder, die stark gebogen ist, liefert ein besonders langlebiges Füllmaterial.

Wenn es um den Inhalt unserer wärmenden Zudecken geht, mischt der Gesetzgeber eifrig mit und legt genau fest, was unter den einzelnen Qualitätsbezeichnungen zu verstehen ist. Steht beispielsweise auf dem Etikett das Wörtchen »original«, dann müssen 95 Prozent der Füllung direkt vom Federvieh stammen. Nur fünf Prozent aufgearbeitete Altfedern oder Federn, die nicht von Gänsen und Enten stammen, sind zugelassen. Heißt es »original reine Daune«, so muß es sich wirklich um hundert Prozent Daunen handeln, während sich hinter der Bezeichnung »original fedrige Daune« eine Mischung verbirgt. Der Daunenanteil beträgt mindestens 50 Prozent.

Der auf erholsamen Schlaf bedachte Kunde sollte sich durch dieses Fachchinesisch nicht verunsichern lassen. Gut ist ein Federbett immer dann, wenn es anschmiegsam, atmungsaktiv und feuchtig-keitsregulierend ist und sich auch Temperaturschwankungen anpaßt.

Das wärmende Federbett gehört in einen festen, aber luftdurchlässigen Bezugsstoff, der nicht von den spitzen Kielenden durchbohrt werden kann. Anderenfalls verwandelt sich nämlich die Decke in ein wahres Fakirbett. »Inlett«, »Einschütte« oder »daunendichter Satin« heißen diese Stoffe in der Fachsprache.

Gute Hausfrauen wissen längst: Bettfedern brauchen eine intensive Pflege. Sie müssen regelmäßig aufgeschüttelt und gelüftet werden – aber bitte nicht in der prallen Sonne. Alle zwei bis drei Jahre ist eine Reinigung der Federn durch den Fachhandel erforderlich.

Pflegeleicht sind dagegen Füllungen aus modernen Polyesterfasern, die vor allem den Leuten empfohlen werden, die gegen Federn allergisch sind.

»Quasts Deckbett ist nach altem Brauch – ein stramm gestopfter Federschlauch«, dichtete zwar der Schlafexperte Wilhelm Busch, aber viele Füllungen haben die unangenehme Angewohnheit, im Verlauf der Nacht in eine Ecke des Oberbetts zu kriechen, wo sie dann einen dicken Wulst bilden, so daß die anderen Partien des Körpers nicht mehr ausreichend bedeckt sind. Kein Wunder, wenn der Schlafende plötzlich fröstelnd erwacht.

Um dieses Verrutschen zu verhindern, erfand ein kluger Mann – oder war es eine Frau? – die anschmiegsame und stets ausgeglichene Steppdecke. Nun sollte man glauben, so eine großartige Erfindung könne kaum noch verbessert werden. Doch dem ist nicht so. Zweilagige Steppdecken verhindern, daß durch die dünnen Steppnähte kalte Luft dringt.

Das Nonplusultra der modernen Bettenkultur ist aber die körpergerechte Steppung, die so geschickt vorgenommen wird, daß die einzelnen Körperteile je nach ihrem individuellen Wärmebedürfnis unterschiedlich bedeckt und geschützt werden. Große Karos mit viel Füllung sorgen dafür, daß beispielsweise die Füße und die empfindliche Nierenpartie während der Nacht stets angenehm warm bleiben, während die Bettdecke auf der Brust sehr leicht, dünn und besonders anschmiegsam ist.

Ein riesiges, prall gefülltes Kopfkissen mag zwar als Krönung eines besonders exakt gemachten Bettes sehr repräsentativ aussehen – schließlich spricht man ja auch von einem »Paradekissen« –, aber bequem sind diese gigantischen Polster nur selten. Zahlreiche Menschen fechten Nacht für Nacht einen erbitterten Kampf gegen ihr viel zu großes und zu dickes Kopfkissen aus und bleiben immer die Verlierer. Morgens erwachen sie wie gerädert mit schmerzenden Schultern und verspannter Nackenmuskulatur.

Jetzt aber meldet der Fachhandel: Das bisher übliche Kopfkissen im Format 80 mal 80 Zentimeter ist out; es lebe das kleine Kissen, das in allen deutschsprachigen Ländern auf dem Siegeszug ist.

Am gesündesten schläft es sich auf der Schläfe, die etwa zehn bis zwölf Zentimeter erhöht gelagert werden sollte. Man muß ja nicht gleich der heiligen Therese nacheifern, die ihren Kopf seitlich auf ein Holzscheit legte. Ob sie das aus Gründen der gottgefälligen Selbstkasteiung tat oder um ihre Wirbelsäule zu entlasten, ist leider nicht überliefert. Jedenfalls ruhte sie auf diese Weise zwar asketisch, aber sehr gesund.

Wer immer wieder morgens mit Kopf- und Schulterschmerzen erwacht, ist gut beraten, wenn er sich ein neues Kopfkissen zulegt – vielleicht sogar eine Nackenrolle, die den Halswirbelbereich spürbar entlastet. Sie füllt den Hohlraum zwischen Kopf und Schultern aus und verhindert auf diese Weise schmerzhafte Verspannungen.

Sinnvoll sind auch sogenannte Kniff-Pfiff-Kissen, die im unteren Drittel eine Teilnaht aufweisen und dadurch in zwei Abteilungen getrennt werden. Der Kopf ruht auf dem oberen weichen Teil, die Schultern liegen auf dem nur schwach gepolsterten unteren Drittel.

Da steht es nun, das perfekt ausgestattete Bett, bereit, seinem Besitzer Entspannung und Ruhe zu schenken. Bleibt nur noch zu klären: Was trägt man heutzutage eigentlich im Bett?

Auf keinen Fall nur nackte Haut. Zugegeben, es mag ein sinnliches Vergnügen sein, unbekleidet in das frische Bett zu schlüpfen und dort unter der Decke dem warmen Körper eines geliebten Menschen zu begegnen und ihn freudig zu umarmen, aber nach solchen erotischen Freuden tut man gut daran, sich für den Rest der Nacht mit einem Kleidungsstück zu bedecken.

Ob man sich für einen Schlafanzug oder für ein Nachthemd entscheidet, ist Geschmackssache. Beide haben ihre Vor- und Nachteile. Beim Nachthemd gibt es zwar kein einengendes Gummiband rund um die Taille, aber es kann nach oben verrutschen und dann rund um den Körper störende Wulste bilden. Wichtig aber ist vor allem, daß die Nachtbekleidung dazu beiträgt, die im Schlaf abgesonderten Körperausdünstungen aufzusaugen.

Unsere Vorfahren schlüpften entweder in feste, wärmende Nachthemden oder wickelten sich von Kopf bis Fuß in Tücher ein, zogen sich eine Zipfelmütze über den Kopf, verschmähten auch das Nachtjäckchen oder Bettpuschen nicht, nur um im Bett nicht zu frieren. Wir können auf diese Vermummungen verzichten, wenn unsere Schlafräume beheizt sind. Aber dennoch ist es nicht gut, wenn die Schultern und die Arme oder Teile der Brust unbedeckt bleiben, weil man sich auf diese Weise leicht erkälten kann. Das alles sind gute Gründe, vor dem Zubettgehen einen Pyjama oder ein Nachthemd anzuziehen. Immer sollten die Bekleidungsstücke alle zwei Tage gewechselt und gewaschen werden. Denn Sauberkeit gewährleistet ein gesundes Bettklima.

Von Schnarchern und Schlafwandlern

Der rätselhafte Wadenschmerz
Wie Schnarchgeräusche entstehen
Waffen gegen die Ruhestörung
Der gestreßte Partner von nebenan
Wenn die Mondsüchtigen erwachen
Was hinter dem Schlafwandeln steckt

> Allen aus dem Wege gehen,
> die schlecht schlafen und nachts wachen.
> *Friedrich Nietzsche (1844–1900)*

Die Fachleute vom Medical Center in Toronto (Kanada) standen vor einem Rätsel. Ihr 66jähriger Patient, der sich in seiner Not ratsuchend an die Mediziner gewandt hatte, klagte über einen dumpfen Schmerz in der rechten Wade, für den es keine Erklärung zu geben schien. Alle Untersuchungen verliefen ergebnislos, so daß die Ärzte den Mann achselzuckend und ohne Diagnose entlassen mußten, nachdem sie ihm ein lokales Schmerzmittel verordnet hatten.

Eines Nachts aber erwachte der schmerzgepeinigte Rentner in seinem Bett, weil ihm seine Ehefrau mit aller Wucht gegen die Wade getreten hatte. Und jetzt erst stellte sich heraus, daß sie im Halbschlaf immer wieder versucht hatte, sein Schnarchen durch einen heftigen Tritt zu beenden. Nachdem sich das Ehepaar auf getrennte Schlafzimmer geeinigt hatte, ließ der rätselhafte Wadenschmerz schlagartig nach.

Unzählige heitere Geschichten ranken sich um das Thema »Schnarchen und wie man es behebt«, aber wer jemals das Lager mit einem sägenden Störenfried geteilt hat, dem sind das Lachen und die Ruhe rasch vergangen. Doch auch der Verursacher der Geräusche findet meistens im Schlaf nicht die erhoffte Erholung und schwebt nicht selten sogar in Lebensgefahr.

Absoluter Rekordhalter auf diesem Gebiet ist ein gewisser Melvin Sitzer aus Großbritannien, der sogar Eingang in das Guinness-Buch der Rekorde fand, weil sein Schnarchen so laut wie ein Preßlufthammer klang. 88 Dezibel wurden an seinem Bett gemessen. Zum Vergleich: Ein Rasenmäher erreicht 75, ein startendes Motorrad 85 Dezibel. Kein Wunder, daß die Gemahlin des Rekordinhabers bereits auf dem linken Ohr völlig taub ist. Aber aus Liebe zu ihrem schnarchenden Mann hält sie nach wie vor an seiner Seite aus.

50 Prozent aller Männer und 20 Prozent aller Frauen sind Schnarcher oder Rhonchopathen, wie sie von den Medizinern vornehm genannt werden. Je älter die Menschen werden, desto lauter schnarchen sie. Um die Statistik abzurunden, sei hier noch darauf hingewiesen, daß nach Schätzungen der Experten bereits jede siebte Ehe durch das dröhnende nächtliche Konzert bedroht ist.

Bis vor ein paar Jahren gab es für die Ruhestörung nur eine einzige plausible Erklärung. Die Mediziner gingen davon aus, daß das Schnarchen durch eine Erschlaffung der Schlundmuskulatur hervorgerufen wird. Bei der Mundatmung gerät das schlaff herunterhängende Gaumensegel, auch Zäpfchen genannt, in Schwingungen und flattert ständig gegen die Zunge.

Doch durch die moderne Traumforschung weiß man, daß das Schnarchen nur selten in der Traumphase vorkommt, sondern vor allem während des leichten Schlafs. In der Traumphase aber ist die Erschlaffung der Muskulatur am stärksten. Demnach müßte das Sägen dann am lautesten zu hören sein, was aber, wie gesagt, nur selten vorkommt.

Das Schnarchen kann folglich die unterschiedlichsten Ursachen haben – von der verkrümmten Nasenscheidewand über einen heftigen Schnupfen bis hin zu Polypen, die die Nasenatmung beeinträchtigen.

Solange das Schnarchen nicht den Partner stört, ist gegen das Sägen wenig einzuwenden. Der Schläfer muß nur versuchen, die fehlende Schlaftiefe durch eine längere Schlafdauer auszugleichen.

Beängstigend wird das Schnarchen erst dann, wenn durch die Erschlaffung der Schlundmuskulatur die Luftröhre derart blockiert wird, daß der Schlafende keine Luft mehr bekommt. Diese Blockade führt zu einer Unterversorgung des Gehirns mit Sauerstoff. Der Puls wird schwächer, der Blutdruck steigt, und das Herz pocht wie wild, so daß es zum Herzinfarkt oder zu einem Schlaganfall kommen kann. Mit einem explosionsartigen Schnarchgeräusch setzt die Atmung meistens wieder von allein ein, wobei der Schläfer heftig zuckend um sich schlägt. Dieser Vorgang, bei dem sich der Schläfer am Rande des Todes bewegt, kann sich in einer einzigen Nacht bis zu einhundertmal wiederholen. Apnoe heißt dieses bedrohliche Leiden in der Sprache der Mediziner. Anschaulicher ist die in angelsächsischen Ländern gebräuchliche Bezeichnung »Undines Rache« nach dem im Wasser lebenden Elementargeist Undine, die ihren untreuen Ehemann durch Ersticken tötete.

Vor allem Menschen mit hohem Blutdruck und Übergewicht gelten als gefährdet. Die Kette von Erstickungsanfällen führt auf die Dauer zu bedrohlichen Erschöpfungszuständen und Depressionen. Durch die regelmäßig wiederkehrende Unterversorgung des Gehirns mit lebenswichtigem Sauerstoff sterben Gehirnzellen ab, so daß die heftigen Schnarcher allmählich ihre Intelligenz einbüßen.

Kein Wunder also, daß das Schnarchen schon immer ganze Heerscharen von Erfindern und Tüftlern auf den Plan gerufen hat, die den Krach mit zahlreichen Tricks unterbinden wollten. Bereits 1889 ließ sich ein Ingenieur eine Halskrawatte patentieren, die das Absinken des Unterkiefers verhindern sollte. An ein mittelalterliches Foltergerät erinnert der sogenannte Zungenretraktor, ein ballonartiges Gefäß mit engem Hals, in dem die Zungenspitze des Schläfers mit Hilfe von Unterdruck festgehalten wurde.

Das Arsenal der Waffen gegen das Schnarchen reicht von den im Rückenteil des Pyjamas eingenähten Kastanien, die die schnarchfördernde Rückenlage verhindern sollten, über die Kinnbinde bis hin zu einer Atemmaske. Manche dieser Apparaturen verwandelten einen schnarchenden Ehemann in ein lautloses Ungeheuer. Es fragt sich, was für die Partnerin die größere Zumutung ist – der ruhestörende Lärm oder der Anblick eines Monsters mit Atemmaske. Immerhin gibt es in der ganzen Welt über 400 Antischnarcherfindungen, die für ungestörten Schlaf sorgen sollen. Hinzu kommen zahlreiche Medikamente, die allerdings häufig wegen ihrer Nebenwirkungen umstritten sind.

Seit einiger Zeit gehen Ärzte in Einzelfällen dazu über, den Schnarcher mit Rinderkollagen zu behandeln, ein Mittel, das normalerweise zur Faltenbekämpfung im Gesicht eingesetzt wird. Durch den injizierten Wirkstoff versteift sich das Gaumensegel, so daß es im Schlaf nicht mehr hin und her flattern kann.

Meistens wird dem Schnarcher geraten, am Abend auf hochprozentige Getränke zu verzichten, weil der Alkohol die Muskelspannung im Schlund vermindert. Wählt der Schnarcher die Seitenlage – und sei es auf den zärtlichen Puff seiner Frau hin –, dann wird das Sägen oft leiser oder verstummt sogar ganz. Denn wenn er auf dem Rücken liegt, rutscht die Zunge zurück und erschwert die Atmung.

Niemals sollte der Schnarcher auf allzu weichen Kissen schlafen. Besser sind eine Nackenstütze oder eine Halskrause, die dafür sorgen, daß der Hals gestreckt wird. Auch durch einen Verzicht auf die geliebten Glimmstengel kann das Schnarchen gedrosselt werden, denn das vom Rauch irritierte Halsgewebe begünstigt die lautstarken Vibrationen.

Zahlreiche gute Tips gibt es auch für all jene, die sich von einem sägenden Mitmenschen belästigt und um ihre Ruhe geprellt fühlen: Durch autogenes Training zum Beispiel können die Aggressionen gegen den Störenfried in eine neutrale oder sogar verständnisvolle Haltung umgewandelt werden. Ein Musikkissen, anschaulich auch Sleep-mate genannt, kann die durchdringenden Geräusche des röhrenden Partners mit sanften Klängen überdecken. Manchmal hilft es auch, wenn der ruhigere Teil einer Partnerschaft früher ins Bett geht, so daß er bereits eingeschlafen ist, wenn der Schnarchende seinen »Preßlufthammer« anläßt. Als letzte Auswege bleiben der Auszug aus dem gemeinsamen Schlafzimmer und eine Operation, die vor allem dann angezeigt ist, wenn es bereits zu dem lebensgefährlichen Apnoesyndrom gekommen ist. Das Ausmaß dieses Eingriffs richtet sich nach der Ursache des Schnarchens. Häufig müssen verbogene oder gebrochene Nasenscheidewände operativ korrigiert werden. Oft genügt es aber auch, die Gaumenmandeln zu entfernen. In 90 Prozent aller Fälle gelingt es heute durch einen operativen Eingriff, das Schnarchen zumindest auf Zimmerlautstärke zu drosseln.

Unruhige Nächte verbringen auch die Schlafwandler oder Mondsüchtigen – Leute mit auffälligem Verhalten, an denen sich schon immer die Phantasie der Mitmenschen entzündet hat. Früher wurden den Schlafwandlern hellseherische Fähigkeiten nachgesagt, weil sie mit »schlafwandlerischer Sicherheit« über alle Hürden hinweg dem Mond entgegenklettern konnten. Inzwischen weiß man längst, daß die Sicherheit, mit der Mondsüchtige auf die Dächer steigen, ausschließlich darauf beruht, daß dem Schlafenden vor dem Anblick der Tiefe nicht schwindelig wird. Denn natürlich können auch Mondsüchtige bei ihren nächtlichen Ausflügen und Kletterpartien straucheln, stürzen und in die Tiefe fallen.

Darum galt früher das Gebot: Sprich nie einen Mondsüchtigen laut an, der sich gerade auf einer gefährlichen Gratwanderung befindet.

Für den Mondsüchtigen selber kann es äußerst besorgniserregend sein, wenn er ganz allmählich auf die Spuren seines nächtlichen Treibens stößt, das nicht länger durch den Mantel der Nacht gnädig verhüllt wird.

Im Paris des 18. Jahrhunderts gab es einen Arzt, der schlafwandelnd in einer Klinik eine schwere Operation vornahm, die er bis dahin wegen der vielen Risiken strikt abgelehnt hatte. Nach getaner Arbeit kehrte er seelenruhig in sein Bett zurück und konnte sich am Morgen an nichts mehr erinnern. Doch als sich der Patient bei ihm überschwenglich für die Lebensrettung bedankte, wurde ihm schlagartig bewußt, was er schlafwandelnd in der Nacht vollbracht hatte.

Hat das vielleicht etwas mit der Inspiration des Schlafs zu tun, auf die so viele Leute bauen? Sie behaupten, vor allem im Schlaf sei das Unterbewußtsein zu erstaunlichen kreativen Leistungen fähig. Ist die Nacht vielleicht doch – wie es in einem französischen Sprichwort heißt – Mutter aller guten Gedanken?

Doch längst nicht alle Schlafwandler vollbringen Sinnvolles. Was mag in dem Kopf des alten Butlers vorgegangen sein, der sich nachts erhob und sich anschickte, auf der Bettdecke seiner zu Tode erschrockenen Arbeitgeberin, einer alten Gräfin, mit großer Hingabe eine Tafel für zwölf Personen zu decken? Erst als er den brennenden Kandelaber auf den schwankenden Untergrund stellen wollte, löste sich die Dame des Hauses aus ihrer Erstarrung und rief lautstark nach Hilfe. Der Butler zuckte zusammen, war plötzlich hellwach und zog sich verstört in sein eigenes Zimmer zurück.

Inzwischen hat die Wissenschaft herausgefunden, daß es bei diesem Phänomen ganz unterschiedliche Formen gibt: Der wahre Schlafwandler erhebt sich normalerweise etwa eine Stunde nach dem

Zubettgehen, irrt durchs Haus, öffnet wohl auch schlaftrunken die Tür ins Freie und schlendert ziellos durch die Straßen, bis er wohlbehalten wieder zu seinem Bett zurückfindet. Am nächsten Morgen kann er sich an seinen Ausflug kaum noch erinnern. Er fühlt sich ausgeruht und leistungsfähig. Diese Sorte der Schlafwandler zeichnet sich durch liebenswürdiges Verhalten und durch eine wache Intelligenz aus. Zu diesen klassischen Schlafwandlern zählen auch die Männer und Frauen, die es Nacht für Nacht mit magischer Kraft zum Kühlschrank zieht, der dann völlig geplündert wird. Bei diesen nächtlichen Freßattacken sind die Mondsüchtigen nicht besonders wählerisch, sondern verputzen alles, was ihnen in die Hände fällt. So wurde im Krankenhaus von Edinburgh ein 37jähriger Patient behandelt, der bei einer nächtlichen Wanderung durch sein Haus in der Speisekammer zwei Flaschen Sonnenblumenöl ausgetrunken hatte.

Als eine Münchener Schriftstellerin endlich herausfand, daß ihr Übergewicht auf ihren Heißhunger zurückzuführen war, den sie als Schlafwandlerin unkontrolliert entwickelte, griff sie zu einer Radikalkur. Nachmittags verschloß sie ihren etwas altmodischen Kühlschrank mit Hilfe einer Kette und eines Vorhängeschlosses. Den Schlüssel steckte sie in einen an sich selbst adressierten Umschlag, den sie im Verlauf des Abends in den Briefkasten warf. Wenn der Briefträger am nächsten Morgen die Post brachte, war ihr Appetit längst wieder verflogen. »Das war die einzige Möglichkeit, meine Gier zu beenden. Denn selbst wenn ich den Schlüssel zum Kühlschrank in meiner Wohnung versteckt hätte, hätte ich ihn bestimmt gefunden und wäre rückfällig geworden«, behauptet die Autorin.

Diese harmlose Sorte der Schlafwandler zeichnet sich durch eine lange Traumphase aus, die bis zu neunzig Minuten andauern kann. Doch ihre Aktivitäten entwickeln die Mondsüchtigen fast immer in den sogenannten Tiefschlafzeiten.

Als gefährlich gelten Schlafwandler aus dem Epilepsie-Formenkreis, denn sie neigen zu aggressivem Verhalten. Wenn sie von ihren Anfällen heimgesucht werden, wirken sie wie nächtliche Furien, die wie gehetztes Wild durch die Finsternis rennen. Oft wird die Schlafwandlerei auch durch Medikamente begünstigt.

Die dritte Gruppe der Schlafwandler stammt aus dem neurotischen Formenkreis. Aus einem flachen, unruhigen Schlaf, der mit Zähneknirschen und Stöhnen einhergeht, schrecken diese bedauernswerten Zeitgenossen plötzlich auf, bringen ihre Wohnung in Unordnung und werden wütend, wenn man sich ihnen in den Weg stellt. Diese Gruppe fällt schon lange vorher durch merkwürdige Kurzschlußhandlungen auf, die sie am nächsten Morgen zutiefst bereuen. Sie trennen sich schlafwandelnd von dem geliebten Partner oder kündigen Hals über Kopf schriftlich ihr Arbeitsverhältnis.

Um die Mondsüchtigen vor lebensgefährlichen Eskapaden zu bewahren, hat man die unterschiedlichsten Weckvorrichtungen erfunden: mit kaltem Wasser gefüllte Schalen, die vor das Bett gestellt wurden, oder Glöckchen an der Haustür, die den Schlafwandler aufschrecken sollten, wenn er mit geschlossenen Augen das Haus verlassen wollte.

Ein anderes Kapitel aus der Geschichte der gestörten Nachtruhe handelt vom Sprechen im Schlaf. Mancher untreue Ehemann befürchtet, er könnte seinen Seitensprung ungewollt im Schlaf verraten. Doch meistens werden die Worte nur undeutlich gemurmelt, so daß die Zeugen mit diesen Bekenntnissen wenig anfangen können.

Geht das Sprechen mit anderen Auffälligkeiten einher – etwa mit Schweißbildung und einer auffälligen Verfärbung des Gesichts –, dann braucht der Mensch unbedingt ärztliche Hilfe. Es handelt sich um Symptome eines gefährlichen Anfalleidens.

Alles über das Wecken und Aufwachen

Vorläufer der Weckuhr
Das heimtückische Kippbett
Tips für Lebenskünstler
Das Geheimnis der Kopfuhr

> Morgen früh, wenn Gott will,
> wirst du wieder geweckt.
> *Wiegenlied*

Zwischen spontanem morgendlichem Aufwachen und Wecken liegen ganze Welten. Wie herrlich ist es, nach mehreren Stunden geruhsamen Schlafs dem Morgen entgegenzudämmern und dann die Augen von ganz allein aufzuschlagen. Das sind die Tage, an denen wir voller Tatendrang aus dem Bett springen und an denen uns alles gelingt.

Man kann sich dieses positive Erlebnis antrainieren, indem man regelmäßig zur gleichen Zeit zu Bett geht und zur selben Stunde aufsteht. Bald ist unsere innere Uhr so programmiert, daß wir von ganz allein erwachen und auf den Wecker verzichten können.

Doch leider sind wir geplagten zivilisierten Menschen oft dazu gezwungen, zu unterschiedlichsten Zeiten das Lager aufzusuchen und es vorzeitig wieder zu verlassen, obwohl wir noch gut und gern ein Stündchen länger schlafen möchten. Dann hilft nur der erbarmungslose und unbestechliche Wecker. Und immer, wenn er uns ausgerechnet in einer Tiefschlafphase aufgeschreckt hat, fühlen wir uns müde und zerschlagen und sagen rechtfertigend: »Ich bin heute mit dem linken Bein zuerst aufgestanden.«

Doch die Tatsache, daß wir uns wecken lassen können, hat auch etwas Tröstliches an sich. Denn die Weckbarkeit ist das Kriterium des gesunden Schlafs. Bewußtlose, Ohnmächtige, Patienten mit Schlafkrankheiten und die Toten können nicht aus ihrem Zustand wachgerüttelt werden.

Es spricht für das angeborene Pflichtbewußtsein des Menschen – oder für seine Neugierde –, daß er sich schon frühzeitig mit der Entwicklung von Weckvorrichtungen beschäftigt hat – aus Angst, er könnte irgend etwas versäumen.

Die Landbewohner verließen sich auf den Hahnenschrei, eine Art Naturwecker. Doch schon die alten Römer erfanden die Klepsydra, ein über dem Kopf des Schläfers abgestelltes Gefäß, das sich nachts allmählich mit Wasser füllte, bis sich der Schwall über den Schlafenden ergoß. So begann der Tag mit einer erfrischenden Dusche.

Auf diesem Gebiet hat der Erfindergeist schon immer üppige Blüten getrieben. Glocken, deren Befestigungen mit brennenden Kerzen verbunden waren, fielen scheppernd zu Boden, wenn das Licht bei Tagesanbruch bis auf einen kurzen Stumpf niedergebrannt war. Vorläufer des mechanischen Weckers waren so sinnvoll konstruiert, daß sie am Morgen einen ohrenbetäubenden Böllerschuß auslösten.

In der zweiten Hälfte des 19. Jahrhunderts konnte das Publikum auf der Leipziger Messe ein automatisches Weckbett bewundern. Zur vorgeschriebenen Zeit ertönte ein akustisches Signal. Sekunden später nahm die Lagerstatt eine Schräglage ein, so daß der Schläfer von der Matratze rutschte und zu Boden stürzte.

Die brutalste Form des Weckens wurde noch bis vor kurzem in vielen großstädtischen Obdachlosenasylen praktiziert. Dort gab es keine Betten, sondern nur zwei durch den Raum gespannte Seile, zwischen denen die Bewohner schlafend hingen. Morgens kappte der Herbergsvater die Stricke mit einem Messer, so daß die Insassen das Gleichgewicht verloren und, ihrer Stütze beraubt, auf den Fußboden purzelten.

Eine einleuchtende Faustregel lautet: Je mehr vom rechtzeitigen Aufstehen abhängt, desto lauter und wirksamer sollte das Wecksignal sein. Soldaten, die sich nicht im Schlaf von den Feinden überraschen lassen wollten, ließen sich durch kräftige Hornsignale wecken. Von Casanova, der häufig in fremden Betten nächtigte, wissen die Chronisten zu berichten, er habe stets eine ganze Kollektion unterschiedlichster Wecker mit sich herumgetragen, damit er sich aus den Armen seiner Geliebten lösen konnte, bevor die eifersüchtigen Ehemänner heimkehrten. Und noch heute stellt der Berufstätige, der um keinen Preis zu spät zur Arbeit kommen will, den Wecker in einen Teller, um dem Schall einen wirkungsvollen Resonanzboden zu verschaffen. Andere bauen die Uhr außerhalb ihrer Reichweite auf, damit sie gezwungen sind, das warme Bett auch wirklich zu verlassen, wenn sie den Störenfried abstellen wollen.

Der wahre Lebenskünstler aber läßt sich mit einem zärtlichen Kuß seiner Gefährtin wecken, wobei sich sofort die Frage stellt, wer *sie* aus dem Schlaf reißt. Vielleicht einer dieser modernen Radiowecker, die uns entweder mit sanften Klängen oder mit den neuesten Schreckensmeldungen aus der Welt draußen an die rauhe Wirklichkeit erinnern. Wir sollten uns das Erwachen so angenehm wie möglich machen, denn in diesem Augenblick werden die Weichen für den Verlauf des ganzen Tages gestellt. »Jedes Erwachen und Aufstehen ist eine kleine Geburt, jeder frühe Morgen eine kleine Jugend«, meint der Philosoph Arthur Schopenhauer (1788–1860).

Rätselhaft ist für die Fachleute immer noch die sogenannte »Kopfuhr«. Es gibt Leute, die überhaupt keinen Wecker brauchen und dennoch am Morgen zu ganz unterschiedlichen Zeiten pünktlich erwachen. Sie verlassen sich auf ihre Kopfuhr, die sie je nach Wunsch auf bestimmte Uhrzeiten programmieren können – auch wenn die Stunde des Erwachens von Tag zu Tag wechselt.

Weder der Schlaf noch der Traum sind in der Lage, das vor dem Einschlafen eingegebene Weckprogramm zu löschen. Einig sind sich die Wissenschaftler nur, wenn es darum geht, Männer und Frauen mit dieser außergewöhnlichen Fähigkeit zu beurteilen. Sie verfügen über einen ausgeprägten Willen und haben gleichzeitig ein gutes Gespür für übersinnliche Erfahrungen. Intellekt und Gefühl halten sich bei ihnen die Waage.

Aber auch für »Normalverbraucher«, die nicht über diese ungewöhnlichen Gaben verfügen, gibt es am Morgen einen Trost: Wenn wir in einem wohltemperierten Zimmer und nicht in einer Eishöhle erwachen, dann fällt es uns leichter, aus den warmen Federn zu steigen. Allein das ist ein guter Grund, bei den Heizkosten nicht am falschen Platz zu sparen. Die moderne Technik macht es möglich: Automaten können so eingestellt werden, daß sie am Morgen ohne weiteres Zutun eine Tasse heißen Tee oder belebenden Kaffee bereithalten – Getränke, die dazu dienen, die Lebensgeister wachzurufen. Hektik ist fehl am Platz. »Das Glück«, so sagt ein Philosoph, »ist geradezu eine Frage des Ausgeschlafenseins.«

Bettchen, wo fährst du denn hin?

Wenn die Seele auf Wanderschaft geht
Neue Erkenntnisse nach der Nachtfahrt
Was Mohammed erlebte
Der kleine Häwelmann
Die Nachtangst der Kinder
Das schützende elterliche Bett
Das Heer der Ruhelosen
Wenn die Toten Rechenschaft fordern
Beim Spuk versagt manchmal die Vernunft
Bewußt gruseln

Je dunkler die Nacht,
desto schöner der Tag.
Sprichwort

Manchmal, wenn wir schlafen, kann es passieren, daß das Bett Flügel bekommt und uns zu einer wunderbaren, abenteuerlichen Reise entführt. Die Schlagbäume zu den Grenzen anderer Universen sind dann weit geöffnet, so daß wir die Welt hinter den Spiegeln kennenlernen können.

Plutarch hat das rätselhafte Phänomen des Schlafes als Absonderung der Seele vom Körper erklärt. Und der Anthroposoph Rudolf Steiner (1861–1925) sagt: »Im Schlaf trennen sich Bewußtsein, der Astralleib, und das Ich vom physischen Leib oder ›Ätherleib‹.« Dieser bleibe während des Schlafs im Bett liegen, während die beiden anderen »Glieder der menschlichen Wesenheit« aufbrechen und zu übersinnlichen Erkenntnissen gelangen. Was im Menschen vorhanden sei, als »Lust und Leid, Freude und Schmerz, was an Urteilskraft im Ich ist«, könne »doch nicht in der Nacht verschwinden und jeden Morgen neu entstehen«; es bleibe bestehen.

Mit anrührend kindlichem Staunen hat zum Beispiel der Dichter

Joachim Ringelnatz (1883–1934) beobachtet, daß sich sein »Bettchen Riechtwieweich« bei Einbruch der Finsternis in ein Transportmittel der unbegrenzten Möglichkeiten verwandelte. Und so dichtete er:

> Bettchen, wo fährst du denn hin?
> Nun gut, fahr immerzu.
> Im Kreis und auf die Reise.
> Nach Afrika. Wir besuchen ein Gnu.
> Gute Nacht, Anna, ich bin –
> Müde bin ich Känguruh.

Das letzte Wort des Reims verwirrt. Ist der Dichter hier nach dem Motto »Reim dich, oder ich fress' dich« vorgegangen? Wohl kaum! Das Beuteltier wird zum Synonym der Geborgenheit, in die wir am Morgen nach nächtlichen Ausflügen wieder zurückkehren dürfen.

Man wird diesem Phänomen nicht gerecht, wenn man solche Nachtfahrten als reine Träumereien abtut. Spätestens wenige Minuten nach dem Erwachen wissen wir erleichtert oder enttäuscht, je nach Inhalt und Güte des Traums: Es war ja alles nur ein Traum.

Anders ist es, wenn sich die Seele – oder das Bewußtsein – des Schläfers selbständig macht und zu neuen Ufern aufbricht. Was sie dabei erlebt, ist eine neue Dimension der Wirklichkeit – auch wenn dabei alle Gesetze der Logik für ein paar Stunden ihre Gültigkeit verlieren.

Häufig wacht der Schläfer nach solchen Nachtfahrten mit ganz neuen, hellsichtigen Erkenntnissen auf, die ihm helfen können, die Probleme des Alltags zu meistern. Und nicht selten finden sich sogar Zeugen – wohlgemerkt: ernst zu nehmende Personen –, die gern bestätigen, daß sie sich nachts, während sie in getrennten Betten schliefen, mit dem anderen auf neutralem Boden getroffen haben.

Nicht nur Liebende, die weit voneinander getrennt sind, erleben es, daß sie im Schlaf vom Partner besucht werden; sie nehmen seinen warmen Atem wahr und spüren seine zärtlichen Hände. Und er, der Reisende, ist sich am Morgen seiner Sache ganz sicher: »Heute nacht war ich bei dir.« Diese beglückende Erfahrung können alle Menschen machen, die sich miteinander eng verbunden fühlen.

Auch Mohammed der Prophet hat schlafend eine derartige Reise angetreten und dabei nicht nur den Erzengel Gabriel getroffen, sondern auch Malik, den Herrn der Hölle, der ihm das Fegefeuer zeigte. Mehr als achtzigtausendmal soll sich der Prophet auf dieser Nachtfahrt mit Allah unterhalten haben, bis ihn Gabriel in sein Bett zurücktrug. »Es war noch warm«, wissen die Chronisten zu berichten.

Übrigens weisen Experten für übersinnliche Erlebnisse darauf hin, daß Katzen für derartige Schlafexkursionen besonders sensibel sein sollen. Schon lange vor dem Aufbruch der Seele werden sie von einer seltsamen Unruhe befallen, wechseln immer wieder ihre Schlafplätze und wirken auffällig gereizt.

Es gibt eben doch »mehr Ding' im Himmel und auf Erden, als Eure Schulweisheit sich träumen läßt«. Und wer wagt es, zu behaupten, der kleine Häwelmann habe seine nächtliche Reise nie angetreten?

Der kleine Häwelmann
von Theodor Storm (1817–1888)

Es war einmal ein Junge, der hieß Häwelmann. Des Nachts schlief er in einem Rollenbett und auch des Nachmittags, wenn er müde war. Wenn er aber nicht müde war, so mußte ihn seine Mutter darin in der Stube umherfahren, und davon konnte er nie genug bekommen.

Nun lag der kleine Häwelmann eines Nachts in seinem Rollenbett und konnte nicht einschlafen. Die Mutter aber schlief schon lange neben ihm in ihrem großen Himmelbett. »Mutter«, rief der kleine Häwelmann, »ich will fahren!« Und die Mutter langte im Schlaf mit dem Arm aus dem Bett und rollte den kleinen Häwelmann ein wenig hin und her, und als ihr der Arm müde wurde, rief der kleine Häwelmann: »Mehr, mehr!« Da ging das Rollen wieder von vorn an. Endlich aber schlief die Mutter erschöpft ein; und soviel Häwelmann auch schreien mochte, sie hörte es nicht mehr! Es war rein vorbei mit dem Rollen.

Nun dauerte es nicht lange, da sah der Mond in die Fensterscheiben, der gute alte Mond, und was er da sah, war so possierlich, daß er sich erst mit seinem Pelzärmel über das Gesicht fuhr, um sich die Augen auszuwischen: so etwas hatte der alte Mond sein Lebtag nicht gesehen! Da lag der kleine Häwelmann mit offenen Augen in seinem Rollenbett und hielt das eine Beinchen wie einen Mastbaum in die Höhe. Sein kleines Hemd hatte er ausgezogen und es wie ein Segel an seinen kleinen Zehen aufgehängt. Dann nahm er ein Hemdzipfelchen in jede Hand und fing mit beiden Backen an zu blasen. Und ganz allmählich, leise, leise, fing das Bett an zu rollen, über den Fußboden, dann die Wand hinauf, dann kopfüber die Decke entlang und dann die andere Wand wieder hinunter. »Mehr, mehr!« schrie Häwelmann, als er wieder auf dem Boden war; und dann blies er wieder seine Backen auf, und dann ging es wieder kopfüber und kopfunter.

Es war ein großes Glück für den kleinen Häwelmann, daß es gerade Nacht war und die Erde auf dem Kopf stand, sonst hätte er doch leicht den Hals brechen können.

Als er dreimal die Reise durchs Zimmer gemacht hatte,

guckte der Mond ihm plötzlich ins Gesicht. »Junge«, sagte er, »hast du noch nicht genug?«

»Mehr, mehr!« schrie Häwelmann. »Mach die Tür auf! Ich will durch die Stadt fahren; alle Menschen sollen mich fahren sehen.«

»Ich kann dir die Tür nicht aufmachen«, sagte der gute Mond, aber er ließ einen langen Strahl durch das Fenster fallen, und darauf fuhr der kleine Häwelmann zum Haus hinaus.

Auf der Straße war es still und einsam. Die hohen Häuser standen im hellen Mondschein und glotzten mit ihren schwarzen Fenstern recht dumm in die Stadt hinaus; aber Menschen waren nirgends zu sehen. Es rasselte recht, als der kleine Häwelmann in seinem Rollenbett über das Straßenpflaster fuhr, und der gute Mond ging immer neben ihm und leuchtete. So fuhren sie Straßen aus, Straßen ein, aber Menschen waren nirgends zu sehen. Als sie bei der großen Kirche vorbeikamen, krähte auf einmal der große goldene Hahn auf dem Glockenturm. Sie hielten an. »Was machst du da?« rief der kleine Häwelmann hinauf. – »Ich krähe zum ersten Mal!« rief der goldene Hahn herunter. – »Wo sind denn die Menschen?« rief der kleine Häwelmann hinauf. – »Die schlafen«, rief der goldene Hahn herunter, »wenn ich zum dritten Mal krähe, dann wacht der erste Mensch auf.«

»Das dauert mir zu lange«, sagte Häwelmann. »Ich will in den Wald fahren, alle Tiere sollen mich fahren sehen!«

»Junge«, sagte der gute alte Mond, »hast du noch nicht genug?«

»Mehr, mehr!« schrie Häwelmann. »Leuchte, alter Mond, leuchte!«

Und damit blies er die Backen auf, und der gute alte Mond

leuchtete, und so fuhren sie zum Stadttor hinaus und übers Feld und in den dunklen Wald hinein. Der gute Mond hatte große Mühe, zwischen den vielen Bäumen durchzukommen, mitunter war er ein ganzes Stück zurück, aber er holte den kleinen Häwelmann doch immer wieder ein.

Im Wald war es still und einsam; die Tiere waren nicht zu sehen, weder die Hirsche noch die Hasen, auch nicht die possierlichen Eichkätzchen. So fuhren sie immer weiter, durch Tannen- und Buchenwälder, bergauf und bergab. Der gute Mond ging nebenher und leuchtete in alle Büsche; aber die Tiere waren nicht zu sehen, nur eine alte Eule saß oben in einem Eichbaum und funkelte mit den Augen. Da hielten sie an. »Was machst du da?« rief der kleine Häwelmann hinauf. – »Ich halte Nachtwache«, rief die alte Eule herunter. – »Wo sind denn die anderen Tiere?« rief der kleine Häwelmann hinauf. – »Die schlafen«, rief die alte Eule herunter, »horch nur, wie sie schnarchen!«

»Junge«, sagte der Mond, »hast du noch nicht genug?«

»Mehr, mehr!« schrie Häwelmann. »Leuchte, alter Mond, leuchte!« Und dann blies er die Backen auf, und der gute alte Mond leuchtete, und so fuhren sie zum Wald hinaus und dann über die Heide bis ans Ende der Welt und dann gerade in den Himmel hinein.

Hier war es lustig! Alle Sterne waren wach und hatten die Augen auf und funkelten, daß der ganze Himmel blitzte.

»Platz da!« schrie Häwelmann und fuhr in den Haufen hinein, daß die Sterne links und rechts vor Angst vom Himmel fielen. »Junge«, sagte der gute alte Mond, »hast du noch nicht genug?«

»Mehr, mehr!« schrie Häwelmann, und – hast du nicht gesehen! – fuhr er mit seinem Rollenbett dem alten guten Mond quer über die Nase. – »Pfui!« schimpfte der Mond und nieste dreimal. »Alles mit Maßen!« Und dann pustete er seine Lampe aus, und alle Sterne machten die Augen zu. Da wurde der ganze Himmel auf einmal stockdunkel, und der kleine Häwelmann war ganz allein. »Leuchte, alter Mond, leuchte!« schrie Häwelmann, aber der Mond war nicht mehr zu sehen und auch die Sterne nicht, sie waren schon alle zu Bett gegangen. Da fürchtete der kleine Häwelmann sich sehr, weil er so allein im Himmel war. Er blies seine Backen auf, aber er wußte weder aus noch ein, er fuhr kreuz und quer, hin und her, doch niemand sah ihn fahren, weder die Menschen noch die Tiere, noch auch die lieben Sterne.

Da guckte endlich unten, ganz unten am Himmelsrand ein rotes rundes Gesicht zu ihm herauf, und der kleine Häwelmann glaubte, der Mond sei wieder aufgegangen.

»Leuchte, alter Mond, leuchte!« rief er, und dann blies er wieder die Backen auf und fuhr quer durch den ganzen Himmel und wie wild drauflos. Es war aber die Sonne, die gerade aus dem Meer heraufkam.

»Junge«, rief sie und sah ihm mit ihren glühenden Augen ins Gesicht, »was machst du hier in meinem Himmel?«

Und – eins, zwei, drei! nahm sie den kleinen Häwelmann und warf ihn in das große Wasser. Da konnte er schwimmen lernen. Und dann? Ja, und dann ist ein Fischer gekommen und hat den kleinen Häwelmann aufgefischt und in sein Boot genommen, sonst hätte er doch leicht ertrinken können.

Doch längst nicht jeder Ausflug verläuft und endet so glücklich wie der des kleinen Häwelmann. Wehe, wenn Geister, Dämonen, Kobolde und andere Spukgestalten unsere Reisegefährten sind. Sie erwachen spätestens um Mitternacht, steigen auf aus Gräbern und Grüften und kennen nur ein Ziel: uns Menschen in Angst und Schrecken zu versetzen. Unzählige Stoßgebete handeln von der Angst des Schlafenden: »Sterb' ich, noch eh' ich erwachen kann, nimm, Gott, dich meiner Seele an.«

Kein Wunder, daß es für empfindsame Kinder einem Todesurteil gleichkommt, wenn sie abends zu Bett geschickt werden. Hilflos fühlen sie sich in der Finsternis ihren Ängsten ausgeliefert. Schränke, Regale, stumme Puppen, der im Abendwind wehende Vorhang verwandeln sich in ihrer Phantasie in furchterregende Dämonen.

Die meisten Wiegenlieder tragen dieser kindlichen Angst keine Rechnung, sondern versuchen, eine Idylle zu beschreiben, wo eigentlich nur Furcht und Schrecken sind:

> Schlaf, Kindlein, schlaf!
> Der Vater hüt' die Schaf,
> Die Mutter schüttelt's Bäumelein,
> Da fällt herab ein Träumelein.
> Schlaf, Kindlein, schlaf!

Das klingt schön, einlullend sogar, aber realistischer ist sicherlich die Umdichtung, die von einem unbekannten Verfasser stammt:

> Schlaf, Kindlein, lieb!
> Im Schrank, da steht der Dieb
> Und vor der Tür der Mordgesell,
> Der bringt das Kindlein um zur Stell.
> Schlaf, Kindlein, lieb!

Schlaf, Kindlein, lang!
Bald kommt die Klapperschlang,
Die ringelt sich am Bett empor
Und sticht das Kindlein in das Ohr.
Schlaf, Kindlein, lang!

Schlaf, Kindlein, gleich!
Im Hausflur liegt die Leich,
Die kommt ganz leise durch die Wand
Und packt das Kindlein bei der Hand.
Schlaf, Kindlein, gleich!

Schlaf, Kindlein, sacht!
Gleich schlägt es Mitternacht,
Dann kommt die böse Fledermaus
Und saugt dem Kind das Herzblut aus.
Schlaf, Kindlein, sacht!

Pavor nocturnus, Nachtangst, heißt eine bei Kindern weitverbreitete Schlafstörung. Kaum haben die Kleinen die Traumphase erreicht, schrecken sie laut schreiend auf und versuchen, aus dem Bett zu springen. Der Puls rast, der kleine Körper ist schweißnaß. Oft geht die Nachtangst mit Bettnässen einher. Minuten später sinkt das verängstigte Kind erschöpft in die Kissen zurück. Zwar kann es sich beim Erwachen am nächsten Morgen nicht mehr an die Unterbrechung des Schlafes erinnern, aber es fühlt sich nicht ausgeruht, ist unkonzentriert und gereizt. Alle diese Symptome weisen auf ein alarmierendes Defizit an Liebe und Geborgenheit hin.

In solchen Fällen sollten die Eltern darauf achten, daß ihr kleiner Sohn oder das Töchterchen in einer ruhigen, freundlichen und besänftigenden Atmosphäre einschläft.

Oft geistern auch die Kommissare und Mörder aus dem Fernsehen, die Gehetzten und die Verfolger durch die Schreckensträume der Kinder. Dann ist es ratsam, wenigstens abends ein striktes Fernsehverbot auszusprechen. Es gibt so viele schöne Kinderbücher, Gutenachtgeschichten, die dazu angetan sind, kleine aufgeschreckte Seelen zu beruhigen.

Ein gedämpftes Licht neben dem Bett kann helfen, die Nachtangst zu bannen, aber nichts wirkt beruhigender als die Nähe und die Körperwärme der Eltern. Sollen Kinder das Bett mit Vater und Mutter teilen? Was früher wegen des Wohnraummangels selbstverständlich war, löst heute bei Pädagogen, Psychologen und Ärzten heiße Diskussionen aus.

Warum sollte eigentlich ausgerechnet das schutzbedürftige Kind allein in seinem Bettchen liegen, während sich im Nebenzimmer die Erwachsenen aneinanderkuscheln? Auch wenn sich die Eltern vielleicht durch die Gegenwart des Kleinen gestört fühlen – einem Jungen oder Mädchen mit regelmäßig wiederkehrender Nachtangst kann man nichts Besseres antun, als das Kind unter die schützende elterliche Bettdecke einzuladen.

Völlig falsch ist es, das Zubettgehen als Druck- und Strafmittel zu mißbrauchen und das unartige Kind als Sühne für seine Missetaten in die Dunkelheit zu verbannen. Dann wird diese letzte Handlung des Tages, die uns eigentlich Ruhe und Entspannung verheißen soll, zu einem Augenblick des Grauens, dem man ängstlich entgegenblickt.

Wohl auch dem Erwachsenen, der von einer sanften Hand beruhigt wird, wenn ihn die Schrecken der Nacht überfallen. Denn wir Großen sind nicht gegen die Tragödien der Finsternis gefeit. Kaum ein anderer Raum des Hauses wird so oft zum Schauplatz dramatischer Ereignisse wie das Schlafzimmer. Eifersüchtige Liebhaber, Räuber und Banditen haben es erfahrungsgemäß auf diese Keimzelle der Stille abgesehen. Beamte der Steuerfahndung und der Kriminalpolizei scheinen ein diebisches Vergnügen daran zu haben, den Sünder im Schlaf zu überraschen. Sie kommen erfahrungsgemäß im Morgengrauen – wahrscheinlich weil sie damit rechnen, daß der Träumer noch viel zu benommen ist, um Widerstand zu leisten, und sich schlaftrunken abführen läßt.

Dazu gesellen sich in manchen Nächten andere ungebetene Gäste, die man mit dem nüchternen Verstand nicht einordnen kann. Nicht nur alte Gemäuer, sondern auch nüchtern wirkende Neubauwohnungen in anonymen Betonhochhäusern können sich in wahre Spukschlösser verwandeln. In allen Großstädten irren nachts Schlaflose durch die hellerleuchteten Straßen, weil sie sich in ihren eigenen vier Wänden nicht mehr sicher glauben. Sie fühlen sich bedroht von unsichtbaren zerstörerischen Strahlen, die von mißgünstigen Nachbarn durch die Wände geschickt werden. Anstatt sich zu Hause bequem auszustrecken, schlagen sie sich die Nächte in den Wartesälen der Bahnhöfe und in verräucherten Kneipen um die Ohren – Heimatlose auf der Flucht vor den Schrecken der Finsternis.

Auch große Geister haben zu diesem Heer der Ruhelosen gehört – der 1912 verstorbene schwedische Dichter August Strindberg zum Beispiel. Er wurde von den Nachtmaren durch ganz Europa gehetzt und hat doch nirgendwo seinen Seelenfrieden gefunden. Man muß seine beklemmend wirkenden Aufzeichnungen gründlich gelesen haben, um zu verstehen, wie aus harmlosen Geräuschen aus dem Nachbarzimmer – einem Hüsteln, einem Scharren – ein beängstigendes Höllenkonzert werden kann. Bei Einbruch der Dunkelheit werden die Mauern der Häuser mürbe, durchlässig für giftige Strahlen, und aus den Winkeln und Nischen des Schlafzimmers lösen sich die Schatten unheimlicher Gestalten, umringen das Bett des Schlafenden, setzen sich auf seine Brust, ersticken seine Hilferufe.

Wer will es wagen zu behaupten: Alles Einbildung, alles Produkte einer überhitzten Phantasie!

Die Nacht hat eben ihre eigenen Gesetze und – wie der Maler van Gogh feststellte – ihre eigenen Farben, die geheimnisvoller leuchten als die des Tages.

Nur in der Dunkelheit kann es passieren, daß die Verstorbenen zu den Lebenden kommen, um sie zur Rechenschaft zu ziehen. Und mancher Schlafende hat diese Begegnung nicht lange überlebt – so wie der »treulose Heinrich«, von dem der unbekannte Dichter erzählt, er habe bereits kurz nach dem Ableben seiner ersten Liebe bei der »Neuvermählten geschlafen, einer reichen Erbin von dem Rhein«, als ihm der Geist der Verstorbenen erschien:

> Niemals fand er wieder festen Schlummer,
> Immer spürt' er ihre weiße Hand,
> Bis er starb an diesem Seelenkummer.
> Doch der wahre Grund blieb unbekannt.

Unzählige Moriatensänger und Balladendichter haben aus solchen nächtlichen Störungen Stoff für ihre Werke bezogen. Noch eine Kostprobe gefällig?

Wilhelms Geist
von Johann Gottfried Herder (1744–1803)

> Da kam ein Geist zu Marg'reths Tür
> Mit manchem Weh und Ach
> Und drückt am Schloß und kehrt am Schloß
> Und ächzte traurig nach.
> »Ist dies mein Vater Philipp?

Od'r ist's mein Bruder Johann?
Oder ist's mein Treulieb Wilhelm
Aus Schottland kommen an?«
»'s ist nicht dein Vater Philipp,
Ist nicht dein Bruder Johann.
Es ist dein Treulieb Wilhelm
Aus Schottland kommen an!

O Marg'reth süß! o Marg'reth teur,
Ich bitt' dich, sprich zu mir,
Gib mir mein' Hand und Pfand, Marg'reth,
Die ich gegeben dir.«

»Dein' Hand und Pfand geb' ich dir nicht,
's wird nimmer dein Gewinn,
Bis daß du kommst in mein Gemach
Und küßt mein' Mund und Kinn.«

»Wenn ich soll komm'n in dein Gemach,
Ich bin kein Erdenmann,
Und soll ich küssen deinen Rosenmund,
Dein Leb'n so ist's nicht lang!

O Marg'reth süß! o Marg'reth teur,
Ich bitt' dich, sprich zu mir,
Gib mir mein' Hand und Pfand, Marg'reth,
Als ich's gegeben dir.«

»Dein' Hand und Pfand geb' ich dir nicht,
Wird nimmer dein Gewinn!

Bis du mich führst den Kirchhof hin
Und gibst mir Trauering.«

»Begrab'n auf einem Kirchhof schon
Lieg' ich fern überm Meer,
's ist nur mein Geist, Marg'reth,
Der hier zu dir kommt her.«

Sie strecket aus ihr' Lilienhand,
Noch, was sie kann, zu tun:
»Hast Hand und Pfand da, Wilhelm,
Gott deinem Geist mach' ruhn!«

Nun hatt' sie geworfen ihr Kleider an,
Ein Stück bis nieder auf Knie.
Die lebenslange Winternacht
Dem Leichnam folget sie.

»Ist da noch Raum zu Haupten, Wilhelm?
Oder Raum zu Fuße dir?
Oder Raum zu deiner Seite, Wilhelm,
Wo ein ich schlüpf zu dir?«

»Da ist kein Raum zu Haupt mir, Marg'reth,
Kein Raum zu Füßen all!
Da ist kein Raum zur Seit' mir, Marg'reth,
Mein Sarg ist eng und schmal.

Denn auf und kräht der rote Hahn
Und auf und kräht der Grau'.

Ist Zeit! ist Zeit! mein Marg'reth teur,
Daß du nun von mir schaust.«

Nicht mehr der Geist zu Marg'reth sprach,
Aber noch mit Ach und Pein
Verschwand er in ein'n Nebel hin
Und ließ sie all' allein.

»O bleib, mein ein' Treuliebe! bleib!
Dein' Marg'reth ruft dir nach.«
Da schwand ihr Antlitz! sank ihr Leib!
Erblaßt ihr Auge brach.

Gegen das nächtliche Grauen sind schon viele Patentrezepte entwik-
kelt worden. Weihrauch, der aromatische Duft getrockneter Kräuter, Knoblauch, der sich vor allem gegen Vampire bewährt hat, und
ein ewiges Licht über dem Kopf des Schlafenden sollen die Geister
fernhalten. Manchmal hilft auch ein energisches Poltern mit dem
Stuhl, um die lästigen Plagegeister zu verjagen.

Man kann sich aber auch auf den gesunden Menschenverstand be-
rufen und sich einreden: Gespenster gibt es gar nicht. Erich Kästner
hat das in seinem »Wiegenlied« versucht – ob mit Erfolg ist nicht ver-
bürgt:

Hast du Furcht vor den Gespenstern,
gegen die du neulich rangst?
Mensch, bei solchen Doppelfenstern
hat ein Deutscher keine Angst!

Doch manchmal ist auch die Vernunft machtlos gegen die nächtlichen Erscheinungen. Heinrich Heine (1797–1856) hat das in seiner
»Harzreise« anschaulich beschrieben:

In jener Nacht, die ich in Goslar zubrachte, ist mir etwas höchst Seltsames begegnet. Noch immer kann ich nicht ohne Angst daran zurückdenken. Ich bin von Natur nicht ängstlich, und Gott weiß, daß ich niemals eine sonderliche Beklemmung empfunden habe, wenn zum Beispiel eine blanke Klinge mit meiner Nase Bekanntschaft zu machen suchte oder wenn ich mich nachts in einem verrufenen Walde verirrte oder wenn mich im Konzert ein gähnender Lieutenant zu verschlingen drohte – aber vor Geistern fürchte ich mich fast so sehr wie der »Österreichische Beobachter«. Was ist Furcht? Kommt sie aus dem Verstande oder aus dem Gemüt? Über diese Frage disputiere ich so oft mit dem Doktor Saul Ascher, wenn wir zu Berlin, im Café Royal, wo ich lange Zeit meinen Mittagstisch hatte, zufällig zusammentrafen. Er behauptete immer, wir fürchten etwas, weil wir es durch Vernunftschlüsse für furchtbar erkennen. Nur die Vernunft sei eine Kraft, nicht das Gemüt. Während ich gut aß und gut trank, demonstrierte er mir fortwährend die Vorzüge der Vernunft. Gegen das Ende seiner Demonstration pflegte er nach seiner Uhr zu sehen, und immer schloß er damit: »Die Vernunft ist das höchste Prinzip!« – Vernunft! Wenn ich jetzt dieses Wort höre, so sehe ich noch immer den Doktor Saul Ascher mit seinen abstrakten Beinen, mit seinem engen, transzendentalgrauen Leibrock und mit seinem schroffen, frierend kalten Gesichte, das einem Lehrbuch der Geometrie als Kupfertafel dienen konnte. Dieser Mann, tief in den Fünfzigern, war eine personifizierte grade Linie. In seinem Streben nach dem Positiven hatte der arme Mann sich alles Herrliche aus dem Leben herausphilosophiert, alle Sonnenstrahlen, allen Glauben und alle Blumen, und es blieb ihm nichts übrig als das kalte, positive Grab. Auf den Apoll von Belvedere und auf das Christentum hatte er eine spezielle Malice. Gegen letzteres schrieb er sogar eine Broschüre, worin er dessen Unvernünftigkeit und Unhaltbarkeit bewies. Er hat überhaupt eine ganze Menge Bücher geschrieben, worin immer die Vernunft von ihrer eigenen Vortrefflichkeit renommiert und wobei es der arme Doktor gewiß ernsthaft genug meinte und also in dieser Hinsicht alle Achtung verdiente. Darin aber bestand ja eben der Hauptspaß, daß er ein so ernsthaft närrisches Gesicht schnitt, wenn er dasjenige nicht begreifen konnte, was jedes Kind begreift, eben weil es ein Kind ist. Einigemal besuchte ich auch den Vernunftdoktor in seinem eigenen Haus, wo ich schöne Mädchen bei ihm fand; denn die Vernunft verbietet nicht die Sinnlichkeit. Als ich ihn einst ebenfalls besuchen wollte, sagte mir sein Bedienter: »Der Herr Doktor ist eben gestorben.« Ich fühlte nicht viel mehr dabei, als wenn er gesagt hätte: Der Herr Doktor ist ausgezogen.

Doch zurück nach Goslar. »Das höchste Prinzip ist die Vernunft!« sagte ich beschwichtigend zu mir selbst, als ich ins Bett stieg. Indessen, es half nicht. Ich hatte eben in Varnhagen von Enses »Deutsche Erzählungen«, die ich von Klaustal mitgenommen hatte, jene entsetzliche Geschichte gelesen, wie der Sohn, der seinen eigenen Vater ermorden wollte, in der Nacht von dem Geiste seiner toten Mutter gewarnt wird. Die wunderbare Darstellung dieser Geschichte bewirkte, daß mich während des Lesens ein inneres Grauen durchfröstelte. Auch erregen Gespenstererzählungen ein noch schauerlicheres Gefühl, wenn man sie auf der Reise liest, und zumal des Nachts, in einer Stadt, in einem Haus, in einem Zimmer, wo man noch nie gewesen. »Wieviel Gräßliches mag sich schon zugetragen haben auf diesem Flecke, wo du eben liegst?« so denkt man unwillkürlich. Überdies schien jetzt der Mond so zweideutig ins Zimmer herein, an der Wand bewegten sich allerlei unberufene Schatten, und als ich mich im Bett aufrichtete, um hinzusehen, erblickte ich –

Es gibt nichts Unheimlicheres, als wenn man bei Mondschein das eigene Gesicht zufällig im Spiegel sieht. In demselben Augenblick schlug eine schwerfällige, gähnende Glocke, und zwar so lange und langsam, daß ich nach dem zwölften Glockenschlage sicher glaubte, es seien unterdessen volle zwölf Stunden verflossen und es müßte wieder von vorn anfangen, zwölf zu schlagen. Zwischen dem vorletzten und letzten Glockenschlag schlug noch eine andere Uhr, sehr rasch, fast keifend grell und vielleicht ärgerlich über die Langsamkeit ihrer Frau Gevatterin. Als beide eisernen Zungen schwiegen und tiefe Todesstille im ganzen Hause herrschte, war es mir plötzlich, als hörte ich auf dem Korridor, vor meinem Zimmer, etwas schlottern und schlappen, wie der unsichere Gang eines alten Mannes. Endlich öffnete sich meine Tür, und langsam trat herein der verstorbene Doktor Saul Ascher. Ein kaltes Fieber rieselte mir durch Mark und Bein, ich zitterte wie Espenlaub, und kaum wagte ich das Gespenst anzusehen. Er sah aus wie sonst, derselbe transzendentalgraue Leibrock, dieselben abstrakten Beine und dasselbe mathematische Gesicht; nur war dieses etwas gelblicher als sonst, auch der Mund, der sonst zwei Winkel von 22½ Grad bildete, war zusammengekniffen, und die Augenkreise hatten einen größeren Radius. Schwankend und wie sonst sich auf sein spanisches Röhrchen stützend, näherte er sich mir, und in seinem gewöhnlichen mundfaulen Dialekte sprach er freundlich: »Fürchten Sie sich nicht, und glauben Sie nicht, daß ich ein Gespenst sei. Es ist Täuschung Ihrer Phantasie, wenn Sie mich als Gespenst zu sehen glauben. Was ist ein Gespenst? Geben Sir mir eine Definition. Deduzieren Sie mir die Bedingungen, der Möglichkeit eines Gespenstes. In welchem vernünftigen Zusammenhang stände eine solche Erscheinung mit der Vernunft? Die Vernunft, ich sage die Vernunft –« Und nun schritt das Gespenst zu einer Analyse der Vernunft, zitierte Kants »Kritik der reinen Vernunft«, zweiter Teil, erster Abschnitt, zweites Buch, drittes Hauptstück, die Unterscheidung von Phänomena und Noumena, konstruierte alsdann den problematischen Gespensterglauben, setzte einen Syllogismus auf den andern und schloß mit dem logischen Beweise, daß es durchaus keine Gespenster gibt. Mir unterdessen lief der kalte Schweiß über den Rücken, meine Zähne klapperten wie Kastagnetten, aus Seelenangst nickte ich unbedingte Zustimmung bei jedem Satz, womit der spukende Doktor die Absurdität aller Gespensterfurcht bewies, und derselbe demonstrierte so eifrig, daß er einmal in der Zerstreuung statt seiner goldenen Uhr eine Handvoll Würmer aus der Uhrtasche zog und, seinen Irrtum bemerkend, mit possierlich ängstlicher Hastigkeit wieder einsteckte. »Die Vernunft ist das höchste –«.

Da schlug die Glocke eins, und das Gespenst verschwand.

Natürlich kann man auch Vernunft Vernunft sein lassen, sich unter die schützende, wärmende Bettdecke verkriechen und, von dem sicheren, uneinnehmbaren Hort aus, das Grauen ganz bewußt genießen. Wilhelm Busch, der lächelnde Philosoph, muß es so gehalten haben. Er wußte um die Schrecken der Nachtmare, die er immer wieder in Wort und Bild beschrieben hat, und liebte zugleich sein weiches, warmes Bett: »Auf der Erde manches Glück führt man auf das Bett zurück.«

Dem Spaß am bewußt herbeigeführten Gruseln, dem Spiel mit der Angst verdanken wir eine ganze Literaturgattung, die im viktorianischen England eine wahre Blüte erlebte. Vielleicht waren alle diese Geister-, Schauer- und Gruselgeschichten so etwas wie ein stiller Protest gegen den sich anbahnenden Siegeszug der Technik, der alles Irrationale und Übersinnliche wegzufegen drohte. Der Mensch aber braucht das Geheimnisvolle, das Nichtfaßbare – auch wenn es abstoßende Züge trägt.

Alle diese Geschichten sind geschrieben für lange Abende, in denen wir frei und empfänglich sind für die ungelösten Rätsel dieser Welt.

Wem es bei der Gutenachtgeschichte eiskalt über den Rücken gelaufen ist, der wird die Geborgenheit des warmen Bettes besonders zu schätzen wissen. »Das Bett ist das Köstlichste, was es gibt«, läßt der französische Schriftsteller Guy de Maupassant (1850–1893) eine seiner Heldinnen sagen, und sie fährt fort: »Ist nicht der Schlaf unser Bestes hinieden?«

Wem das Bett zu einer Insel des Friedens geworden ist, wird auch Matthias Claudius (1740–1815) beipflichten können, dem wir eines der schönsten deutschen Abendlieder verdanken:

> Wie ist die Welt so stille
> und in der Dämmerung Hülle
> so traulich und so hold!
> Als eine stille Kammer,
> wo ihr des Tages Jammer
> verschlafen und vergessen sollt.

Wenn die Seele nicht zur Ruhe kommt

Sei mir willkommen,
süßer Schlaf!
Ich bin zufrieden,
weil ich brav.
Wilhelm Busch

Die Direktion eines New Yorker Hotels sah sich kürzlich dazu veranlaßt, in den Gästezimmern folgenden Hinweis anbringen zu lassen: »Wenn Sie bei uns nicht schlafen können, schimpfen Sie nicht auf unsere bequemen Betten, sondern prüfen Sie erst einmal Ihr Gewissen.« Diese Ermahnung klingt originell, aber das Wissen um die Zusammenhänge zwischen seelischen Konflikten – und dazu zählen auch die Gewissensbisse – und Schlafstörungen ist alles andere als neu. »Ein gutes Gewissen ist ein sanftes Ruhekissen«, sagt der Volksmund.

Ganze Anthologien sind bereits mit derartigen Lebensweisheiten gefüllt worden: »Es können sich Schlaf und Sorge nicht vertragen, die Sorge muß den Schlaf, der Schlaf die Sorg' verjagen.«

Inzwischen sind die Erkenntnisse unserer Vorfahren durch exakte wissenschaftliche Untersuchungen bestätigt worden. Schlafforscher gehen davon aus, daß es sich bei 50 Prozent aller Schlafstörungen um

Reaktionen auf seelische Leiden handelt. Die Belastungen, die auf den Menschen einstürmen, sind in den letzten Jahren immer größer geworden: Streß, Zukunfts- und Existenzängste sowie allgemeine Orientierungslosigkeit erweisen sich als wahre »Schlafkiller«.

Es ist ganz normal, ja es gilt sogar als Zeichen für eine gute seelische Gesundheit, wenn ein Mensch nach einer schweren psychischen Erschütterung – etwa nach dem Tod eines lieben Angehörigen oder nach der Trennung von seinem Partner – ein paar Nächte lang keinen Schlaf findet. Ja, diese Phase ist sogar wichtig, um das Erlebte innerlich zu verarbeiten. Das muß der kluge Jean Paul (1763–1825) gemeint haben, als er schrieb: »Das Bett ist ein guter Beichtstuhl und die Audienz des Gewissens.« Auf wunderbare Weise sorgt der Organismus dafür, daß der versäumte Schlaf nachgeholt wird, wenn die Krise beendet ist.

Bedrohlich wird der seelisch bedingte Schlafentzug erst, wenn er über einen längeren Zeitraum anhält. Dann beginnt er an den Kräften zu zehren, macht den Schlaflosen anfällig für neue seelische Erschütterungen und Krankheiten. Psychologen haben herausgefunden, daß das Defizit an Schlaf häufig zu einer Wesensveränderung und zu einer Verstärkung negativer Charaktereigenschaften führt. Der Jähzornige wird noch gereizter, der Traurige noch trauriger, der Träge noch behäbiger.

Drei unterschiedliche Formen der Störung werden beobachtet: Einschlaf- und Durchschlafstörungen sowie vorzeitiges Erwachen. Doch die Erfahrungen, die die geplagten Zeitgenossen nachts machen müssen, sind immer dieselben. Unruhig wälzen sie sich in ihren Kissen hin und her und fühlen sich der Last ihrer Sorgen hilflos ausgeliefert. Die wachsen nach dem Schneeballsystem: aus einem einzigen sorgenvollen Gedanken wird eine ganze Lawine von Problemen, die dann wie eine schwere Bürde auf der Brust liegt und das befreiende

Durchatmen unmöglich macht. Die Finsternis und die wirren Träume, die sich zwischendurch immer wieder einstellen, wirken wie ein Resonanzboden, der noch für eine Verstärkung der Probleme sorgt. Der Schlafentzug führt zu Schweißausbrüchen, starkem Herzklopfen, Zittern und Zuckungen des ganzen Körpers. Und diese physiologischen Zuckungen sind es, die den Sorgenbeladenen immer wieder aus dem Dämmerschlaf reißen, wenn er gerade einmal eingenickt ist.

Der permanent um seinen Schlaf Betrogene gerät rasch in einen Teufelskreis. Er ist den Anforderungen des Alltags nicht mehr gewachsen und macht sich daher mit Recht Sorgen um die Zukunft. Abends sieht er der Stunde des Zubettgehens mit Grauen entgegen, denn er weiß ja, welche Qualen ihm wieder bevorstehen. Durch diese Vorahnungen wird die Seele aber noch zusätzlich auf Ruhelosigkeit programmiert, denn was wir mit aller Macht befürchten, wird meistens auch grausame Wirklichkeit.

Die Schlafforscher haben versucht, die einzelnen Charaktertypen auszumachen, deren Schlaf besonders gefährdet ist:

Groß ist das Heer der »nervösen Schläfer«, zu dem auch zahlreiche Kinder und Jugendliche zählen. Bei dieser Personengruppe wirken sich vor allem Hektik und ein ungeregelter Tagesrhythmus negativ aus.

Zu den »überforderten Schläfern« zählen hochbezahlte Manager, die unter großem Streß und Leistungszwang stehen, ebenso wie Fabrikarbeiter, die unter der Eintönigkeit ihrer Tätigkeit leiden.

Hinzu kommt die Gruppe der »neurotischen Schläfer«, die nicht nur durch Schlafstörungen, sondern auch noch durch andere Beschwerden und Eigenarten auffallen, also beispielsweise depressive Menschen oder Patienten, die unter Halluzinationen leiden. Das Alarmierende ist: Die Zahl der neurotischen »Entgleisungen« steigt ständig. Die Behandlung dieser Personen erfordert vom Arzt große Erfahrung, umfassendes Wissen und viel Einfühlungsvermögen.

Ärzte kennen auch den Typ des Schlafhypochonders, der sich geradezu zwanghaft immer wieder mit der Qualität seines Schlafs beschäftigt. Er ist felsenfest davon überzeugt, daß er zuwenig Schlaf bekommt, und bittet daher in regelmäßigen Abständen um die Verordnung eines Schlafmittels. Doch eingehende Befragungen oder gar Untersuchungen im Schlaflabor ergeben, daß er kerngesund ist und wie ein Murmeltier schläft. In bestimmten Gesellschaftskreisen gilt es als schick, über den gestörten Schlaf zu klagen, denn damit weist man sich als sensible, feinnervige Natur aus, die für alle Schwingungen empfänglich ist.

Jeder Erwachsene aber sollte wissen, daß er im Laufe seines Lebens einen ganz individuellen Schlafstil entwickelt, der auch entscheidend vom Körperbau geprägt wird. Wohlbeleibte Pykniker schlafen auch in fremden Betten rasch ein und sind durch nichts aus der Ruhe zu bringen. Shakespeare hat diesen Menschen ein literarisches Denkmal gesetzt, als er schrieb: »Laßt wohlbeleibte Männer um mich sein, mit glattrasierten Köpfen, und die nachts gut schlafen.«

Schlanke, feingliedrige Menschen, Leptosome also, neigen zu Einschlafstörungen und finden morgens nicht aus dem Bett. Muskelbepackte Athletiker brauchen wenig Schlaf und sind dennoch morgens immer topfit.

Was aber kann man nun dem gepeinigten Zeitgenossen raten, der ständig unter Schlafentzug leidet? Die Empfehlung »Schaff dir doch ein dickeres Fell an« ist in diesem Fall ebenso unsinnig wie der an den Unglücklichen gerichtete Rat »Sei endlich glücklich«.

Freilich, wer ausschließlich von einem schlechten Gewissen geplagt wird, kann versuchen, die Schuld aus der Welt zu schaffen oder durch eine Beichte Vergebung zu erlangen. In unzähligen Nachtgebeten ist von dieser Hoffnung die Rede – so zum Beispiel in dem »Abendlied« des großen schlesischen Barockdichters Johann Christian Günther (1695–1723):

Der Feierabend ist gemacht,
Die Arbeit schläft, der Traum erwacht,
Die Sonne führt die Pferde trinken;
Der Erdkreis wandert zu der Ruh,
Die Nacht drückt ihm die Augen zu,
Die schon dem süßen Schlafe winken.

Ich, Schöpfer, deine Creatur,
Bekenne, daß ich auf der Spur
Der Sünder diesen Tag gewandelt;
Ich habe dein Verbot verletzt,
Mich dir in allem widersetzt
Und wider meine Pflicht gehandelt.

Doch weil ein Quintchen Vaterhuld
Viel tausend Centner meiner Schuld
Durch dein Erbarmen überwieget,
So gib Gnade vor das Recht
und zürne nicht auf deinen Knecht,
Der sich an deinen Füßen schmieget.

Aber viele der Sorgen und Ängste, die uns nachts befallen, lassen sich durch Gebete allein nicht beseitigen. Häufig muß eine grundlegende Veränderung der gesamten Lebensstrategie herbeigeführt werden – ein langwieriger Prozeß, der viel Geduld erfordert. Manchmal hilft aber auch eine klärende Aussprache mit einem verständnisvollen Mitmenschen. Das kann zu einer wesentlichen Erleichterung führen.

Autogenes Training, Yoga, Atemtechniken – Methoden, die heute in vielen Kursen gelehrt werden – können für die nötige Entspannung sorgen, die für das Ein- und Durchschlafen so wichtig ist. Auch das berühmte »Schäfchenzählen« dient ja nur dazu, das eigene Bewußtsein durch die Monotonie des Zählens allmählich auszuschalten. Denn das Bewußtsein ist es, das sich mit allen Mitteln gegen das Einschlafen wehrt.

Am besten läßt sich die totale Entleerung des Bewußtseins durch den sogenannten Augenschluß erreichen. Dazu starrt man fest auf einen Punkt an der Wand, bis die Augen langsam ermüden und ganz unwillkürlich zufallen. Mit diesem Trick beginnt fast jede Entspannungsübung.

Am wirksamsten ist die einfache Einschlafübung, wenn man sich ohne einengende Kleidungsstücke in einem stillen Raum auf einem Sofa ausstreckt. Es muß gewährleistet sein, daß wir in der nächsten halben Stunde ungestört bleiben. Eine Decke, die bis zur Taille reicht, sorgt dafür, daß wir uns wirklich behaglich fühlen. Die Arme liegen locker längs des Körpers, berühren ihn aber nicht. Auch die Beine sind entspannt ausgestreckt, ohne sich gegenseitig zu berühren. Nun suchen wir uns an der Decke oder an der Wand hinter unserem Kopf den Fixpunkt für die Augen. Es macht nichts, wenn wir die Augen dazu nach hinten verdrehen müssen. Im Gegenteil, diese Anstrengung sorgt dafür, daß wir schneller ermüden. Sobald wir die Augen geschlossen haben, beginnen wir ganz bewußt unsere gesamte Muskulatur zu entspannen, wobei wir Schritt für Schritt vorgehen. Begonnen wird mit der Gesichtsmuskulatur, dann erst erfolgt die Entspannung der Arme und Beine. Wir atmen ruhig und tief aus und ein, spüren, wie unsere Glieder immer schwerer werden. Das Gehirn schwingt jetzt auf eine besondere Wellenlänge ein, die es uns erlaubt, unser Unterbewußtsein zu programmieren. Wir sagen uns laut:

»Meine Glieder sind ganz schwer. Ich fühle mich auf eine angenehme Weise müde und werde bald sehr fest schlafen.« Diese Befehle an die Seele müssen mehrfach wiederholt werden.

Nach dieser Übung sollte man allen ruhestörenden Reizen aus dem Weg gehen und möglichst bald das Bett aufsuchen, um die Schläfrigkeit hinüberzuretten. Natürlich darf man nicht erwarten, daß sich schon beim ersten Versuch der Erfolg einstellt. Auch Entspannung will gelernt sein.

Diese Übung hat sich auch bei der Behandlung von Schlafstörungen bewährt, die als typische Erscheinungen unserer Zeit bezeichnet werden können. Da sind zum einen die Einschlafprobleme wegen der Zeitverschiebung nach einer Fernreise. Bei der Ankunft stellt sich die innere Uhr des Menschen nicht sofort auf die neue Ortszeit ein. Wer also in Deutschland um 6.30 Uhr aufzustehen pflegt, ist in New York um 1.30 Uhr plötzlich hellwach und kann nicht mehr einschlafen. Eine goldene Regel besagt: Pro zwei Stunden Zeitverschiebung braucht der Organismus einen Tag zur Anpassung. Häufig ist es auch die Klimaveränderung, die uns die Ruhe raubt.

Mediziner raten, sich schon ein paar Tage vor der Abreise mit seinem Lebensrhythmus auf die Zeit im Gastland einzustellen, damit sich der Körper langsam an die Verschiebung gewöhnen kann. Völlig falsch ist es, sich am Ziel mit Kaffee oder Zigaretten aufzuputschen oder im Interesse eines tiefen Schlafes alkoholische Getränke zu sich zu nehmen. Dieser Mißbrauch führt rasch zu einem völligen Zusammenbruch.

Viel schwerer wiegen allerdings die Schlafprobleme der Arbeitslosen. Wer aus dem Arbeitsprozeß herausgerissen wird – und das widerfährt heutzutage vielen Leuten –, macht bald die bittere Erfahrung, daß sich die Qualität des Schlafes wesentlich verschlechtert. Nicht nur die fehlende Auslastung, ein unregelmäßiger Tagesablauf und eine erzwungene Ziellosigkeit sind schuld an den Ein- und Durchschlafstörungen. Viele Menschen fühlen sich durch den Verlust des Arbeitsplatzes emotional zutiefst getroffen und brauchen dann Monate, um sich mit diesem Schicksalsschlag abzufinden. So tauchen vor allem in der ersten Phase der Arbeitslosigkeit gravierende Schlafprobleme auf.

Wichtig ist, daß man sich in dieser Situation dazu zwingt, weiterhin einen geregelten Tagesablauf einzuhalten, also wie gewohnt aufzustehen – auch wenn das nicht unbedingt erforderlich ist. Der Tag muß sinnvoll genutzt werden. Sport und die Mitwirkung in Freizeiteinrichtungen und Bürgerinitiativen und ähnlichem tragen dazu bei, das angeschlagene Selbstwertgefühl zu stärken.

Haben die seelisch bedingten Schlafstörungen bereits ein bedrohliches Ausmaß erreicht, dann braucht der Mensch die Hilfe der Psychotherapie. In der Bundesrepublik werden inzwischen rund 200 Verfahren zur Heilung erkrankter Seelen praktiziert. Der Patient, der eine dieser Therapieformen für sich in Anspruch nehmen möchte, sollte vorher prüfen, ob die Kosten der Behandlung von seiner Krankenversicherung übernommen werden.

Folgende Methoden haben sich bei der Heilung gravierender Schlafstörungen bewährt: Die von Sigmund Freud entwickelte Psychoanalyse, die davon ausgeht, daß alle Konflikte durch frühe Kindheitserfahrungen geprägt sind. Der Kranke versucht dabei, dem Therapeuten das Unterbewußtsein zu offenbaren. Dabei spielt auch die Traumdeutung eine entscheidende Rolle. Doch eine Psychoanalyse ist meistens sehr langwierig und kostspielig. – Die Verhaltenstherapie, die davon ausgeht, daß sich unsere Persönlichkeit durch Lernprozesse entwickelt, ist dagegen zeitlich klarer begrenzt und kann schon nach zwanzig Stunden erste Erfolge aufweisen. – Die Gesprächstherapie baut auf die Selbstheilungskräfte des Kranken. Sie wird einzeln oder in Gruppen durchgeführt. Besserungen des Schlafs treten erfahrungsgemäß schon nach dreißig Stunden auf. – Die Familientherapie bezieht die Angehörigen des Schlafgestörten in die Behandlung mit ein. Es handelt sich zwar um eine Gruppenbehandlung, aber jedes Familienmitglied hat dabei die Möglichkeit, den Therapeuten auch unter vier Augen zu sprechen.

Schlafstörungen – manchmal steckt eine Krankheit dahinter

Krankhafte Prozesse im Gehirn
Hoher Blutdruck stört den Schlaf
Die Probleme der Alkoholabhängigen
Vorsicht bei schmerzstillenden Medikamenten
Warum der Beipackzettel wichtig ist

Oh, mordet nicht den
heil'gen Schlaf!
Friedrich von Schiller

Etwa jeder zehnte Patient, der sich wegen seiner Schlafprobleme an ein Schlaflabor wendet, wird an einen Facharzt überwiesen, weil der Verdacht naheliegt, daß seine Störungen Symptome eines organischen Leidens sind. Immer wenn die Ursachen des gestörten Schlafs nicht offen zutage liegen, muß ein Mediziner in die Untersuchung eingeschaltet werden. So können sich beispielsweise krankhafte Prozesse im Gehirn auf die Dauer und die Tiefe des Schlafs negativ auswirken. Fast immer ist dann vor allem die Traumphase gestört. Manche dieser Leiden enden, wenn sie nicht rechtzeitig behandelt werden, mit einer völligen Bewußtlosigkeit. Auch Kopfschmerzen und Migräne sind weitverbreitete Störenfriede, die uns die Ruhe rauben können. Häufig sind diese Beschwerden auf Verspannungen der Nacken- und Schulterbandmuskulatur zurückzuführen. Dann erweist sich die Anschaffung eines neuen, bequemen Bettes als wirksames Mittel.

Eine Sonderstellung unter den schlafraubenden Krankheiten nimmt der sogenannte Histamin-Kopfschmerz ein, der auch als Horton-Syndrom bezeichnet wird. In der Traumphase, wenn der Blutdruck des Schläfers gewissen Schwankungen unterliegt, wacht der

Mensch plötzlich wegen heftiger Schmerzen auf, die sich rasch auf die gesamte Gesichtshälfte ausweiten. Schuld an diesen Beschwerden sind schlagartige Erweiterungen der Gefäße. Die Mediziner glauben, daß die Veranlagung zu derartigen nächtlichen Attacken vererbt wird. Doch mit Hilfe von Medikamenten – vor allem von Histaminen – können die schmerzhaften Anfälle rasch beendet werden.

Auch Patienten mit einer sogenannten Herzinsuffizienz und mit Bluthochdruck klagen häufig über schlechten Schlaf. Die Herzkrankheit führt zu einer beklemmenden nächtlichen Atemnot und wiederholtem Harndrang. Nach diesen Unterbrechungen fällt dann das Einschlafen besonders schwer. Kranke mit Bluthochdruck haben meistens große Schwierigkeiten beim Einschlafen. Kaum liegen sie im Bett, stellen sich heftiger Kopfdruck, Schwindelgefühl und Ohrensausen ein. Weit verbreitet, aber relativ harmlos ist das nervös bedingte Herzjagen, bei dem der Puls wie wild schlägt, um sich dann plötzlich wieder zu beruhigen.

Manche Männer erleben äußerst schmerzhafte nächtliche Erektionen, die über einen längeren Zeitraum hinweg anhalten. Dafür gibt es die unterschiedlichsten Ursachen, so daß in allen Fällen eine sehr gründliche ärztliche Untersuchung erforderlich ist. Prostatitis, Blasenentzündungen, Harnröhreninfektionen, aber auch Nerven- und Gefäßerkrankungen können die unangenehme Versteifung im Schlaf auslösen.

Um allen Mißverständnissen vorzubeugen: Schmerzfreie Erektionen im Schlaf sind völlig normal – auch wenn sie sich über Stunden ausdehnen. Oft sind sie die Folge erotischer Träume, von denen in diesem Buch noch ausführlich die Rede sein wird. Für den Mann, der unter Impotenz leidet, können derartige Erscheinungen im Schlaf so etwas wie ein Hoffnungsschimmer sein. Im Schlaflabor werden die Vorgänge sehr genau registriert. Der Patient weiß dann, daß bei ihm

Hopfen und Malz doch noch nicht verloren und seine sexuellen Störungen seelisch bedingt sind – ein erster entscheidender Hinweis für die weitere Therapie.

Mit Schlafstörungen haben auch Alkoholabhängige zu kämpfen, die ja längst nicht mehr als haltlose, labile Zeitgenossen eingestuft werden, die für ihr Unglück allein verantwortlich sind, sondern als echte Kranke, die genau wie andere Patienten Hilfe brauchen. Der Betrunkene verbringt nach dem Zubettgehen mehrere Stunden in einem Zustand der Bewußtseinstrübung, bevor er endlich einschläft. Am Morgen erwacht er mit einem Gefühl der Benommenheit, mit Kopfschmerzen und Gleichgewichtsstörungen. Kleinere Mengen an Alkohol fördern zwar das Einschlafen, verhindern aber das ruhige Durchschlafen.

Höllennächte erleben Patienten mit Hauterkrankungen – zum Beispiel mit schweren Allergien. Durch die Wärme des Bettes wird der unangenehme Juckreiz noch verstärkt. Manchmal empfiehlt es sich, statt eines dicken Federbettes ein leichtes Leinentuch als Decke zu verwenden.

Schon der große Schweizer Naturheiler Johann Künzle erkannte, daß viele Schlafstörungen auf Darmträgheit zurückzuführen sind. Er schrieb: »Wenn man nicht täglich wenigstens einmal Stuhlgang hat, stellt sich zwangsläufig Schlaflosigkeit ein. Bei anderen fehlt es am Magen.«

Unangenehme Unterbrechungen des Schlafs sind manchmal frühe Alarmzeichen, die eine Schilddrüsenüber- oder -unterfunktion ankündigen können. Aber auch andere Stoffwechselerkrankungen werden für die Unterbrechung des Schlafs verantwortlich gemacht. Schmerzen – wie immer sie auch entstehen – rauben uns ebenfalls die Ruhe. Doch Vorsicht: Zahlreiche schmerzstillende Medikamente haben Wirkstoffe – etwa Coffein –, die uns am Einschlafen hindern.

Wer vom Arzt wegen eines bestimmten Leidens ein Medikament verordnet bekommt, sollte unbedingt den Beipackzettel studieren, denn dort werden häufig unter der Rubrik Nebenwirkungen »innere Unruhe und Schlafstörungen« aufgezählt. Fast alle Präparate, die das zentrale Nervensystem beeinflussen, wirken sich schlafstörend aus. Auch die sogenannte »Pille« zur Empfängnisverhütung kann in Einzelfällen diesen Effekt haben. Nicht selten treten die Probleme erst durch Kombination mehrerer Medikamente auf.

Immer sollte man die Situation mit dem behandelnden Arzt besprechen. Oft ist es möglich, anstatt des schlafraubenden Präparates ein anderes Medikament zu verordnen oder durch Veränderung der Einnahmezeit die Probleme wenigstens zu lindern.

Fragwürdige Schlafmittel

Alles über Barbiturate
Schlafstörungen bei Kindern
Der gefürchtete Hang-over-Effekt
Tabletten zerstören den Schlafrhythmus
Suchtgefahr droht
Was man über Naturheilmittel wissen muß
Alles über Tranquilizer und Beta-Blocker

> Ich denke einen langen
> Schlaf zu tun . . .
> *Friedrich von Schiller*

Schon immer war der Mensch versucht, sich die Wohltat »Schlaf« mit Hilfe irgendwelcher Präparate zu verschaffen, wenn sich die erquickende Ruhe der Seele und des Körpers nicht von allein einstellen wollte. Heilkräuter, Opium und das Alkaloid der Tollkirsche waren in früheren Zeiten beliebte Schlafmittel. Erst in der Mitte des 19. Jahrhunderts gelang es einem deutschen Chemiker, den Harnstoff des Urins – die Barbitursäure – synthetisch herzustellen. Und damit begann der große Siegeszug der Schlafmittel, die als Wirkstoff Barbiturate enthalten.

Zu Tausenden werden sie heute von den Ärzten verordnet und von gutgläubigen Patienten geschluckt – die Barbiturate, die direkt auf den Hirnstamm einwirken und das Zentralnervensystem lähmen. Dabei kennen die Mediziner die mit den Pillen und Pülverchen verbundenen Gefahren sehr genau. Alle diese Mittel sollten eigentlich nur in Krisensituationen und vor allem nur kurzfristig verwendet werden.

Ein besonders heikles Kapitel ist die medikamentöse Behandlung von Schlafstörungen bei Kindern. Es gilt als völlig normal und unbedenklich, wenn kleine Jungen und Mädchen nachts hin und wieder aufwachen oder in aller Herrgottsfrühe aufstehen möchten. Entweder haben sie sich tagsüber nicht genug ausgetobt, oder die häuslichen Verhältnisse sind schuld an den Schlafunterbrechungen, von denen sich erfahrungsgemäß Vater und Mutter viel mehr belästigt fühlen als die Kleinen selbst. Häufig kann durch eine Korrektur der familiären Verhältnisse oder des Tagesablaufs ein gesunder Schlaf herbeigeführt werden. Das ist sinnvoller, als den Arzt zu bitten, ein hochwirksames Schlafmittel zu verschreiben.

Das Angebot an Medikamenten gegen Schlafstörungen ist verwirrend groß. Es gibt schnell wirkende Präparate, die gegen Einschlafstörungen helfen sollen, und länger anhaltende Durchschlafmittel, die ihren Effekt mit einer gewissen Verzögerung entfalten. Das hängt von der Geschwindigkeit ab, mit der das Medikament durch das Fettgewebe dringt, das die Nerven schützend umhüllt.

Ohne daß sich der Organismus, wie beim natürlichen Schlaf, auf den bevorstehenden Ruhezustand langsam einstellen kann, wird er von der schnell wirkenden Narkose überrascht, und das wiederum wirkt sich negativ auf den Erholungswert des Schlafs aus.

Zahlreiche Präparate werden im Körper nur langsam abgebaut, so daß man sich am Morgen wie nach einer durchzechten Nacht benommen fühlt. Hang-over-Effekt heißt diese gefürchtete Erscheinung, bei der es zu einer Beeinträchtigung der Leistungsfähigkeit und vor allem der Verkehrssicherheit kommt. Untersuchungen haben ergeben, daß manche Medikamente noch 100 Stunden nach der Einnahme im Körper aktiv sind. Bei älteren Menschen kann die mit der Senkung des Blutdrucks einhergehende Benommenheit zu lebensgefährlichen Stürzen führen. Manche Leute versuchen sich durch Einnahme von Weckaminen, also Aufputschmitteln, fit zu machen und wissen gar nicht, daß sie lebensgefährlichen Raubbau betreiben.

Ärzte empfehlen: Wer unbedingt ein Schlafmittel verwenden

muß, sollte es etwa dreißig Minuten vor dem Zubettgehen einnehmen. Sobald sich die ersten Anzeichen von Müdigkeit bemerkbar machen, muß man sich hinlegen. Wer nach dem Schlucken der Pille oder des Pulvers noch ein paar Stunden aufbleibt und gegen die Müdigkeit ankämpft, muß mit einem Mißerfolg rechnen. Die Spitzenwirkung des Schlafmittels ist dann bereits überschritten. Und wer das Medikament erst nach Mitternacht zu sich nimmt, darf sich am nächsten Morgen nicht wundern, wenn er sich nicht in Form fühlt.

Barbiturate verändern auf brutale Weise den natürlichen Schlafrhythmus und verkürzen oder zerstören die Traumphasen. Doch wer ständig um seine Träume betrogen wird, reagiert bald mit Gereiztheit, Frustration und Halluzinationen.

Oft stellt sich nach der Einnahme auch eine sogenannte paradoxe Reaktion ein. Anstatt zu beruhigen, löst die Pille Erregungszustände aus. Das schlimmste aber ist, daß auch willensstarke Menschen rasch von ihrem Schlafmittel abhängig werden, so daß es zu einer regelrechten Sucht kommt. Gleichzeitig verspürt man den Zwang, die Dosis ständig zu erhöhen, weil die beruhigende Wirkung schon nach kurzer Zeit nachläßt. Süchtige, die die Tabletten absetzen wollen, lernen bedrohliche Entzugserscheinungen kennen. Dazu zählen Schwindelgefühl, Kopfschmerzen, Zittern, Durchfall, Erbrechen, Angstzustände und vor allem Schlafstörungen.

Barbiturate sind gefährliche Gifte. So zählen Selbstmordversuche zu den schlimmsten Folgen der unkontrollierten Einnahme. Depressive, aber auch seelisch überlastete Personen neigen dazu, Schlafmittel über einen längeren Zeitraum hinweg zu horten, die sie sich von verschiedenen Ärzten verschreiben lassen. Auf dem Höhepunkt der Krise wird dann der ganze Vorrat auf einmal eingenommen.

Manchmal ist die Tat auch so etwas wie ein Alarmzeichen, mit dem die Umgebung auf den Konflikt aufmerksam gemacht werden soll.

Doch weil der Laie gar nicht weiß, wo die tödliche Grenze liegt, enden auch diese als Warnung gedachten Handlungen oft mit dem Tod.

Präparate auf der Basis von Benzodiazepinen werden häufig als weniger gefährlich und belastend bewertet als die Barbiturate. Sie sind nicht so giftig und führen nur selten zur Abhängigkeit. Aber auch nach der Einnahme von Benzodiazepinen kann die morgendliche Benommenheit auftreten.

Überall in der Welt suchen Wissenschaftler nach neuen Schlafmitteln ohne Nebenwirkungen. Besonderen Erfolg versprechen die Erfahrungen mit L-Tryptophan, einem Eiweißbestandteil, der auch in unserer Nahrung vorkommt. Als unschädlich und daher empfehlenswert gelten rein pflanzliche Schlafmittel, etwa auf der Basis von Baldrian oder Hopfen. Wer solche Naturheilmittel kauft, sollte unbedingt darauf achten, daß die Verpackung oder der Beipackzettel eine genaue Definition des Inhalts trägt und auch das Herstellungsverfahren näher beschreibt. Im Zweifelsfall ist der Apotheker gern bereit, beim Enträtseln zu helfen.

So gerieten vor einiger Zeit ganz bestimmte Inhaltsstoffe des Baldrians, sogenannte Valepotriate, wegen ihrer unerwünschten Nebenwirkungen ins Kreuzfeuer der Kritik. Inzwischen weiß man aber, daß nur Baldrianextrakt aus ganz bestimmten asiatischen Herkunftsländern Valepotriate enthält. Der klassische »offizinelle« Baldrian in seinen unterschiedlichsten traditionellen Zubereitungsformen (z.B. Tinktur oder Abkochung) ist dagegen von Fachleuten als völlig ungefährlich eingestuft worden. Der belebende Effekt dieser Mittel geht von den ätherischen Ölen aus.

Skeptisch stehen Experten den Kombinationen aus mehreren Pflanzenextrakten gegenüber, zumal wenn sie Zusätze von Alkohol oder synthetischen Substanzen enthalten. Längst nicht immer hat die

Zusammenballung mehrerer Wirkstoffe auch einen doppelten Effekt.

Unzählige Männer und Frauen versuchen ihre schlafstörenden Ängste und den Streß mit Hilfe rezeptpflichtiger Tranquilizer, also mit Beruhigungsmitteln zu vertreiben. Diese einlullenden Präparate, die gleichzeitig muskelentspannend und krampflindernd wirken, gelten bei medizinischen Laien als ungefährliche Einschlafhilfe. Dabei haben auch sie ihre Tücken: auch sie können süchtig machen und sollten daher nur kurzfristig verwendet werden.

Sogenannte Beta-Blocker werden häufig verordnet, wenn zum Beispiel Prüfungsängste oder ähnliche Probleme den Schlaf negativ beeinflussen. Tatsächlich können sie Angst und Spannung sowie die damit verbundenen Symptome – Zittern, Schwitzen, Herzklopfen – unterdrücken. Doch weil sie das Herz und den Kreislauf belasten, sollten Beta-Blocker nur kurzfristig in akuten Streßsituationen genommen werden.

Seitdem die Ärzte herausgefunden haben, daß Schlafstörungen häufig ein Anzeichen für Depressionen sind, bekämpfen sie dieses Leiden auch mit Antidepressiva. Leider enthalten viele dieser Präparate Wirkstoffe, die eine Sucht auslösen können.

Sinnvoller ist es immer, die Ursache der Depression oder der Ängste zu erkennen und zu beseitigen. In der Übergangszeit darf man getrost der besänftigenden Wirkung bewährter Naturheilmittel vertrauen. So hat man beispielsweise mit Johanniskraut beste Erfahrungen gemacht. Es sollte möglichst im Rahmen einer mehrwöchigen Kur verabreicht werden, denn der beruhigende Effekt tritt erst nach längerer Zeit ein. Dieses Naturheilmittel gegen schlafraubende depressive Verstimmungen wird als Tee verabreicht: Zwei Gramm fein zerschnittenes Kraut pro Tasse mit kochendem Wasser übergießen, fünf Minuten ziehen lassen, dann abseihen.

Schlaf aus der Steckdose

Töne beruhigen die Nervenzellen
Elektrischer Strom wirkt auf das Schlafzentrum ein
Alles über Schlafkuren
Heilschlafen zu Hause

> Den Seinen gibt's der Herr im Schlaf.
> *Psalm 127*

Schon hat die moderne Technik Einzug in die Häuser gestreßter Mitmenschen gehalten. »Erquickender Schlaf aus der Maschine« heißt das Zauberwort, das Millionen wieder hoffen läßt. Auf den ersten Blick sehen die Schlaftherapiegeräte wie Kofferradios aus, und tatsächlich beruht ihre Wirkung auf ganz bestimmten Tönen, die die Hör- und Nervenzellen so nachhaltig stimulieren, daß sie rasch ermüden. Die Ermüdung breitet sich in Windeseile auch auf andere Bereiche des Gehirns und später auf den gesamten Körper aus.

Aufgebaut wird die Wundermaschine hinter dem Kopf des Schlafsuchenden, der es sich auf seinem Bett bequem macht. Möglichst teilnahmslos sollte er der Dinge harren, die nun auf ihn zukommen.

Auf Knopfdruck erklingt ein tiefer, reiner Ton, der sinusförmig an- und abschwillt. Schon nach wenigen Minuten stellt sich erfahrungsgemäß ein Gefühl der Entspannung und der Müdigkeit ein. Später schaltet sich das vorprogrammierte Gerät von allein ab. Es ist vor allem für nervöse, überforderte Menschen geeignet, deren Schlafstörungen keine organischen Ursachen haben.

Andere Apparate, die ebenso handlich sind, arbeiten mit elektrischen Signalen. Die Wirkung des elektrischen Stroms auf das Schlafzentrum ist erst in den letzten Jahren – vor allem von russischen Forschern – eingehend untersucht worden. Sie fanden dabei heraus, daß ein schwacher, niederfrequenter Strom das Zentralnervensystem in einen Zustand versetzen kann, der dem des natürlichen Schlafes sehr ähnlich ist.

Wieder muß sich der Schlafsuchende entspannt auf seinem Bett ausstrecken, das in einem ruhigen Raum stehen sollte. Eine große Schlafbrille, die bis über beide Ohren reicht und die Elektroden enthält, wird aufgesetzt. Sie muß stramm anliegen, darf aber nicht schmerzhaft drücken. Mehrere Schalter an dem Gerät dienen dazu, die Frequenz und die Amplitudenhöhe des Stroms so zu regulieren, daß der Schlafsuchende nur ein leichtes Prickeln im Bereich der Augen verspürt. Wenige Minuten später fällt er in einen tiefen Schlaf. Erfahrungsgemäß sind mehrere Behandlungen von jeweils dreißig Minuten erforderlich, um eine langfristig beruhigende Wirkung zu erzielen. Bei beiden Apparaten sind bisher keine schädlichen Nebenwirkungen bekannt geworden. Und schon arbeiten die Forscher und die Industrie an der Weiterentwicklung dieser Geräte – beispielsweise an einer Kombination von akustischen und optischen Signalen. Wahrscheinlich sind die Therapiegeräte der neuen Generation mit Bildschirmen ausgestattet, auf denen beruhigende Szenen zu sehen sind – das Auf und Ab der Wellen, weite Wüstenlandschaften und ähnliches. Bei diesem Thema drängen sich Zukunftsvisionen auf: zum Beispiel gestreßte Manager, die ohne ihren Schlafapparat nicht verreisen mögen, die das Gerät durch die Hallen der Flughäfen und Grandhotels schleppen, weil sie ohne die Maschinen keine Ruhe finden.

Diese Geräte werden seit einiger Zeit verstärkt auch bei Schlafkuren eingesetzt, die manchem Ruhelosen nach vielen durchwachten Nächten wie das wahre Paradies erscheinen. Verordnet werden sie allerdings nur bei ganz gravierenden Störungen, die bereits zu einer Schädigung des gesamten Gesundheitszustandes geführt haben. Dann wird der Patient in einer Spezialklinik mit Hilfe der Maschine, aber auch mit Medikamenten in einen drei- bis achttägigen Dauerschlaf versetzt. Man weckt ihn nur, damit er seine physiologischen Bedürfnisse befriedigen kann. Und auch diese kurzen Unterbrechungen erlebt er wie in einem Trancezustand. In den letzten Tagen verringert der Arzt die Medikamentendosis, um so ein sanftes Wachwerden zu erreichen.

Daneben gibt es Halbschlafkuren, bei denen die Patienten nur mittags und nachts schlafen. Sollen derartige Kuren in den eigenen vier Wänden durchgeführt werden, so muß eine ständige ärztliche Überwachung gewährleistet sein.

Das beste Schlafmittel ist die Liebe

Der einschläfernde Effekt des Liebesaktes
Woran man den »guten« Orgasmus erkennt
Wenn sie sich noch ein Nachspiel wünscht
Die verspielte Chance
Versöhnung im Bett ist gefährlich
Alles über den Tapetenwechsel

> Die Nacht ist nicht allein zum Schlafen da ...
> *Deutscher Schlager*

Die Liebe, diese Himmelsmacht, kann uns den Schlaf rauben – etwa wenn wir Zweifel an der Zuneigung oder Treue des Partners hegen –, sie kann uns aber auch eine wohltuende Ruhe des Herzens schenken.

Merkwürdigerweise wird in den meisten Aufklärungsbüchern der einschläfernde Effekt des Liebesaktes schamhaft verschwiegen. Dabei ist dieses Gefühl völliger Entspannung, das sich nach dem sexuellen Höhepunkt einstellen sollte, eines der wenigen gesicherten Kriterien, mit denen sich die Qualität des Orgasmus bewerten läßt. Ob wir in den Armen des Partners wirklich – um den Psychoanalytiker Wilhelm Reich zu zitieren – »die Identifikation mit kosmischen Prozessen« erlebt haben, ist manchmal schwer zu beurteilen. Aber immer wenn er uns ruhig und zufrieden macht und wenn wir aus dieser Ruhe Kraft für die Bewältigung des neuen Alltags beziehen, haben wir einen »guten« Orgasmus erlebt. Dabei ist es unerheblich, ob die Erregungskurve der Frau flacher abklingt als die des Partners, so daß sie sich als Ausklang ein zärtliches Nachspiel wünscht, während er sofort von einer bleiernen Müdigkeit überfallen wird und einschläft – Menschen, die sich wirklich lieben und es gut mit ihrem Partner meinen, werden auch dieses geschlechtsspezifische Problem lösen können.

Es bleibt dabei: Ein harmonisches Liebesleben, bei dem keiner der beiden Liebenden mit seinen Wünschen und Bedürfnissen zu kurz kommt, ist – wenigstens für den gesunden Menschen – so etwas wie ein Garantieschein für einen guten, erholsamen Schlaf. Alle Probleme und Sorgen verlieren bei der Umarmung ihre Bedeutung. Was zählt, ist allein die Verschmelzung zweier Menschen, die so zu einem Bollwerk gegen die Gefahren der Nacht zusammenwachsen.

Doch wie viele Paare verspielen diese Chance leichtfertig! Sie verharren in Lieb- und Sprachlosigkeit, nehmen die Eheprobleme mit ins Bett und wundern sich dann, wenn der erquickende Schlaf ausbleibt. Egoistische, uninteressierte Ehemänner lassen ihre Frauen mit ihren Sehnsüchten allein, die dann im Dunkeln stundenlang über den Sinn ihrer Partnerschaft grübeln und nicht zur Ruhe kommen. Umgekehrt passiert es, daß streitsüchtige Frauen ihrem Partner die kalte Schulter zeigen und sich abweisend verhalten, so daß er sich zutiefst getroffen fühlt.

Die Versöhnung im Bett hat – wie Psychologen und Eheberater immer wieder betonen – ihre Tücken, weil irgendwann der Liebesakt mit dem Streit auf verhängnisvolle Weise gekoppelt wird. Ohne vorangegangene Auseinandersetzung läuft dann im Schlafzimmer überhaupt nichts mehr, um es salopp auszudrücken. Sinnvoller ist es, die Konflikte vorher in einem sachlichen, vertrauensvollen Gespräch zu beseitigen, um anschließend die Versöhnung im Bett zu besiegeln.

Impotenz und Frigidität führen häufig zu Schlaflosigkeit, nicht weil die sexuelle Störung notgedrungen mit einer Beeinträchtigung des Schlafs einhergeht, sondern weil der mit Problemen belastete Mensch vor allem nachts über seine Sorgen nachdenkt, ohne den Mut zu finden, sich offen auszusprechen und Hilfe anzunehmen. Schlaf und Sex gehören in unserem Bewußtsein zusammen. Aber wenn das Schlafzimmer allzuoft zum Schauplatz von Niederlagen und Tragödien geworden ist, kann das zu einer dauerhaften Beeinträchtigung der Ruhe und der sexuellen Befriedigung führen. Vielleicht stellt das Paar irgendwann durch Zufall fest, daß es in einem fremden Raum – etwa in einem Hotel – mit dem Schlaf und dem Sex viel besser klappt, weil diese vier Wände nicht von negativen Erlebnissen belastet sind. Spätestens dann ist es an der Zeit, über die Umgestaltung des eigenen Schlafzimmers nachzudenken.

Die Schlafkur in der Badewanne

Die Entdeckung des Arnold Rikli
Badekuren in der Antike
Wie das warme Wasser wirkt
Tips für das Wannenbad
Schlaffördernde Überwärmungsbäder
Badezusätze stimmen friedlich
Der Trick mit den nassen Socken
Akupressur fördert den Schlaf

> Ruh' im Hafen ist noch nicht Ruh',
> kommt nicht die Ruh' in der Brust dazu.
> *Franz Grillparzer (1791–1872)*

In der Mitte des 19. Jahrhunderts las ein gewisser Arnold Rikli aus dem schweizerischen Kanton Bern zufällig von den sensationellen Heilerfolgen, die der Bauernsohn Vinzenz Prießnitz aus Freiwaldau am Gräfenberg mit Hilfe von kaltem Wasser erzielt hatte. Der studierte Physiker Rikli war von diesen Berichten so fasziniert, daß er die heilende Kraft der Kaltwasserkur am eigenen Leib erproben wollte. Immer wieder badete er im eiskalten Naß und umwickelte seinen Körper mit kalten Umschlägen. Und weil Übertreibungen nur selten guttun, mußte er bald feststellen, daß er nachts hellwach war und nicht mehr schlafen konnte. Diese Schlafstörungen behandelte Arnold Rikli mit warmen Heilbädern und hatte damit Erfolg. Damit begann in der Geschichte der Wasserbehandlung ein neues Kapitel. Rikli gilt als der Begründer der warmen Badetherapie, die sich seitdem vor allem bei der Behandlung von Schlafstörungen immer wieder bewährt hat.

Von den alten Ägyptern, Babyloniern und Persern ist bekannt, daß sie Schlafstörungen grundsätzlich auf die Besessenheit durch böse Geister zurückführten. In kalten Seen und Flüssen versuchten sie auf Geheiß der Priester ihre Seelen zu reinigen und die Dämonen der Nacht zu vertreiben. Mit Erfolg, denn nach dem Bad im kalten Element fühlten sie sich bald wieder so wohl, als hätten sie in der Nacht wie die Murmeltiere geschlafen.

Die Ärzte der Antike wußten bereits um die heilende Kraft des Wassers, aber lange Zeit war es üblich, nur kalt zu baden. Obwohl die alten Römer in ihren ausgeklügelten Thermalanlagen durchaus die Möglichkeit hatten, sich auch im heißen Wasser zu aalen, bevorzugten vor allem die Herren der Schöpfung das Frigidarium, das Kaltwasserbecken. Alles andere galt als unmännlich.

Erst die großen Naturheiler des 18. und 19. Jahrhunderts erkannten den Wert des angewärmten Wassers. Johann Schroth (1798–1856), wie sein Schulfreund Prießnitz Sohn eines Landwirts, erkannte, daß die Saat auf dem Acker die feuchte Wärme zum Gedeihen braucht. Daraus folgerte er: Feuchte Wärme ist die Voraussetzung für ein gesundes Leben. Von nun an behandelte er Kranke mit warmen feuchten Umschlägen und Fastenkuren.

Die Erkenntnis, daß sich der heilende und einschläfernde Effekt des Wassers mit Hilfe von Kräuterzusätzen steigern läßt, verdanken wir dem Schweizer Johann Künzle (1857–1945).

Heute empfehlen viele Ärzte ihren Patienten, die unter Schlafstörungen leiden, es mit Arnold Rikli zu halten und eine Heißwasserbehandlung vorzunehmen. Längst ist der heilende und schlaffördernde Effekt durch genaue wissenschaftliche Untersuchungen nachgewiesen worden. Unsere Haut ist mit rund 25 000 Wärmepunkten – sogenannten Rezeptoren – ausgestattet, die durch das Bad gezielt angeregt werden. Der Organismus wird von Krankheitsstoffen befreit, die unter der Haut gelegenen Arterien dehnen sich aus. Das Blut fließt dann langsamer, aber auch reichlicher durch die geweiteten Gefäße.

Mit der ansteigenden Körpertemperatur verbessert sich auch die Sauerstoffzufuhr, und das ist eine wichtige Voraussetzung für das Wohlbefinden und den erquickenden Schlaf. Viele Leute leiden unter einem Wärmedefizit, das sich störend auf den gesunden Schlaf auswirkt. Dieser Mangel kann durch ein heißes Bad ausgeglichen werden.

Es lohnt sich also, das eigene Badezimmer in ein Kurzentrum zu verwandeln, in dem man regelmäßig erholsamen Schlaf »tanken« kann. Dazu muß man allerdings wissen, daß an die Qualität des Wassers ganz bestimmte Ansprüche gestellt werden, wenn es heilen und den Schlaf fördern soll. Es muß frisch und möglichst unverfälscht sein. Experten betonen, daß unser Leitungswasser, solange es noch trinkbar ist, in der Regel diese Voraussetzungen erfüllt. Am besten ist es, wenn das beruhigende Wannenbad etwa zwei Stunden nach dem Abendessen genommen wird – und zwar in einem Raum, der gut temperiert sein sollte. Alle Fenster müssen geschlossen sein, damit keine Zugluft entsteht. Nun läßt man das heiße Wasser in die Wanne laufen, bis sie halb voll ist, dann steigt man hinein und dreht den Warmwasserhahn wieder auf, bis die Wanne voll ist. So wird der Körper schonend auf die Wasserbehandlung vorbereitet. Der schlaffördernde Effekt stellt sich erfahrungsgemäß bei einer Wassertemperatur von 38 Grad Celsius ein. Die Temperatur muß immer wieder mit Hilfe eines Badethermometers überprüft werden.

Das größte Wohlbefinden empfindet der Badegast in der eigenen Kuranstalt, wenn das Wasser anfangs genau seiner Körpertemperatur entspricht, die man mit einem Fieberthermometer sehr schnell feststellen kann, und die Temperatur des Bades erst nach ein paar Minuten durch zusätzliches heißes Wasser erhöht wird. Falsch wäre es, völlig regungslos in der Wanne zu liegen. Durch ständige Bewegungen der Beine und der Arme können wir die Wirkung der Wasserbehandlung verstärken. Wichtig aber ist, daß wir das Bad entspannt genießen. Aus dieser letzten Handlung des Tages sollten wir bewußt ein kleines Ritual machen, bei dem alle Hektik von uns abfällt. Wer zwischendurch Durst verspürt, sollte eine Tasse mit heißem Kräutertee in Reichweite bereithalten. Nach etwa 20 bis 25 Minuten ist es Zeit, aus der Wanne zu steigen. Auf das heftige Abfrottieren des Körpers, das normalerweise bei Wasserbehandlungen eine wichtige Rolle spielt, muß der Schlafsuchende verzichten, weil ihn das zu sehr aufmuntern würde. Statt dessen trocknet er sich behutsam ab und schlüpft anschließend in einen wärmenden Bademantel. Auf direktem Weg muß jetzt das Bett aufgesucht werden, damit der beruhigende Effekt nicht verfliegt.

Patienten mit Kreislauf- und Herzerkrankungen sollten allerdings vor dem Schlafbad ihren Arzt um Rat fragen.

Noch stärker ist die Wirkung des sogenannten Überwärmungsbades, das auch gesunde Menschen nur nach Absprache mit einem Arzt nehmen sollten. Diese Behandlung wird auch in Schlenz-Kurheimen vorgenommen, in denen die unterschiedlichsten Krankheiten nach den Naturheilmethoden der Österreicherin Maria Schlenz behandelt werden. Bei der Therapie, die sich auch im Kampf gegen Schlafstörungen bewährt hat, wird die Wassertemperatur von Bad zu Bad bis auf 40 Grad Celsius gesteigert. Doch die Anzahl der erlaubten Bäder muß von einem erfahrenen Mediziner vorher genau festgelegt werden. In der Regel sind innerhalb von zwei Wochen sechs Bäder erlaubt.

Damit auch das Gehirn von dem heißen Wasser angeregt und positiv beeinflußt wird, muß der Badende seinen Kopf in der Wanne so weit zurücklehnen, daß nur noch die Nase, der Mund und die Augen aus dem Wasser ragen. Nach 30 Minuten setzt man sich kurz auf, bürstet den Körper gründlich, um dann wieder die ausgestreckte

Körperhaltung einzunehmen. Insgesamt dauert das Überwärmungs-bad jeweils eine Stunde. Auch dann heißt es: Sofort ins Bett!

Durch bestimmte Zusätze läßt sich auch das normale schlafför-dernde Wannenbad noch wirkungsvoller gestalten. Im warmen Was-ser öffnen sich die Hautporen, so daß die Zusätze rasch in den Orga-nismus eindringen und ihren besänftigenden Effekt entfalten können.

Über die Bedeutung des Baldrians als Schlafmittel ist bereits an anderer Stelle dieses Buches ausführlich gesprochen worden. Er kann aber auch äußerlich angewendet werden, und zwar wenn er in zwei Liter Wasser als Tee aufgekocht und dem Bade zugeführt wird.

Bewährt hat sich auch diese Kräuterkombination: Man nehme zu gleichen Teilen Melisse, Baldrian und Fichtennadeln, brühe zwei Handvoll dieser Kräutermischung mit einem Liter Wasser auf und lasse das Ganze etwa zehn Minuten ziehen. Anschließend wird die Flüssigkeit durch ein Sieb in die bereits gefüllte Badewanne gegossen. Wichtig ist, daß die aus dem Wasser aufsteigenden heißen Dämpfe tief eingeatmet werden.

Ein anderer Badezusatz kann aus 500 Gramm grob geschnittenen Kalmuswurzeln gewonnen werden: In fünf Liter Wasser aufkochen, fünfzehn Minuten ziehen lassen, abseihen und ins Vollbad geben.

Von der Ehefrau des legendären Kaisers Nero wird erzählt, sie ha-be regelmäßig in Eselsmilch gebadet, um ihre atemberaubende Schönheit zu erhalten. Sogar auf Reisen nahm sie rund 500 Eselinnen mit, damit sie ihr tägliches Schönheitsbad absolvieren konnte. Nun ist es in unseren Breiten schwer, Eselsmilch aufzutreiben, und außerdem ist ihre kosmetische Wirkung umstritten. Aber von der eiweiß- und fetthaltigen Buttermilch weiß man, daß sie, als Badezusatz verwen-det, den Schlaf fördern kann: Drei Liter Buttermilch werden in das Badewasser geschüttet, das diesmal ausnahmsweise nur 35 Grad Celsius warm sein darf.

Bei der Bekämpfung der Zivilisationskrankheit Schlaflosigkeit hat sich auch der Badezusatz »Bienenhonig« bewährt. Pro Wanne braucht man allerdings mindestens eine Tasse Honig, der im Wasserbad flüssig gemacht wird, bevor er dem Badewasser zugegeben werden kann. Auf die Dauer preiswerter und ebenso wirkungsvoll ist Heilerde aus der Apotheke oder aus dem Reformhaus. Sie wird nach der Vorschrift des Herstellers zu einem dünnflüssigen Brei angerührt und nach kurzem Ziehenlassen dem Bad zugefügt. Heilerde beseitigt auch die Erschöpfungszustände, die nach längerem Schlafentzug zwangsläufig auftreten.

Viele Menschen verdanken ihren Schlaf dem Trick mit den nassen Socken, einem alten Hausmittel: Wollsocken werden durch eiskaltes Wasser gezogen, ausgewrungen und feucht über die Füße gestreift. Darüber trägt man trockene Strümpfe. So legt man sich ins Bett und achtet darauf, daß vor allem die Füße gut bedeckt sind. Zwei Stunden lang soll man die nassen Socken tragen. Meistens ist man inzwischen längst eingeschlafen, so daß der Partner das Ausziehen übernehmen muß.

Zur Unterstützung all dieser Wasserbehandlungen eignet sich die Akupressur, die sanfte Schwester der Akupunktur. Diese uralte von den Chinesen entwickelte Heilmethode geht davon aus, daß bei jeder Erkrankung – also auch bei schweren Schlafstörungen – die beiden Energieströme Yin und Yang aus dem Gleichgewicht geraten sind. Diese Ströme fließen in insgesamt 32 sogenannten Meridianen. Wird ein ganz bestimmter Punkt auf den Meridianen durch Druck oder Massage gereizt, dann kann das ursprüngliche Gleichgewicht wiederhergestellt werden. Wichtig ist nur, daß man genau weiß, welcher Punkt für welche Beschwerden zuständig ist.

Der Schlaf kann durch die Massage der einzelnen Fingerkuppen und durch Druck auf die Stellen unmittelbar hinter den äußeren Fingerknöcheln gefördert werden. Wird die Behandlung in der Badewanne unter Wasser vorgenommen, dann verstärkt sich noch der beruhigende und schlaffördernde Effekt. Etwa zehn Sekunden lang sollte man Druck auf die einzelnen Schlafpunkte ausüben oder sie kräftig mit dem Daumen massieren. Dann folgt eine kurze Unterbrechung, nach der die Massage wiederholt werden kann. Häufig stellt sich schon nach einer etwa zehn Minuten langen Akupressur die wohltuende Wirkung ein. Wer allerdings Schmerzen oder Unwohlsein verspürt, muß die Therapie sofort abbrechen. Auch hier gilt der Rat: Patienten mit Herz- und Kreislauferkrankungen sollten vorher mit ihrem Arzt über die geplante Akupressurbehandlung sprechen. Denn in Einzelfällen können unerwünschte Nebenwirkungen auftreten.

Schlaffördernde Kräutertees

Zutaten aus Apotheke und Reformhaus
Das Zubereitungsritual
Eigene Teemischungen
Schlaftropfen aus Knoblauch
Das Rezept der Mönche
Milch – ein guter Schlummertrunk

Warte nur, bald ruhest auch du.
Johann Wolfgang von Goethe

Immer häufiger greifen die Ärzte heute wieder auf das jahrhundertealte Erfahrungswissen über Kräutertees zur Entspannung und zur Schlafförderung zurück. Vor allem für die Behandlung leichter, seelisch bedingter Schlafstörungen sind sie auf die Dauer besser geeignet als schwere Medikamente. Denn sie führen nicht zur Sucht und lösen in den meisten Fällen auch keine unerwünschten Nebenwirkungen aus.

Nun wird es immer schwerer, in unserer verschmutzten Umwelt heilende Kräuter zu finden oder zu züchten, aber noch halten die Apotheken, Drogerien und Reformhäuser ein reiches Angebot an Heilpflanzen bereit. Die zerkleinerten Blätter, Blüten oder Wurzeln gibt es auch in Form von Teefilterbeuteln, Instanttees oder als Granulate, die rasch aufgebrüht werden können. Doch wer ein richtiger Kräuterfan ist, der läßt es sich nicht nehmen, seinen Schlummertrunk nach Großmutterart eigenhändig zuzubereiten. Schon diese kleine Zeremonie am Abend, das lange Ziehenlassen, das Umrühren, hat einen besänftigenden Effekt, auf den man nicht verzichten sollte. Indem wir uns ganz auf die Zubereitung konzentrieren, vergessen wir alle unsere belastenden Probleme und Sorgen. Und wenn dann aus der Tasse der aromatische Geruch aufsteigt, bekommen wir eine

Vorahnung von dem Genuß, der uns erwartet. Darum sollte man stets einen kleinen Kräuterteevorrat bereithalten, der allerdings vor Licht und Wärme geschützt werden muß, denn alle diese Einflüsse zerstören die ätherischen Öle, also die Wirkstoffe. Am besten lagert der Tee in einem dicht schließenden, braungefärbten Glas oder in einem Porzellangefäß.

Für die Zubereitung eines Schlaftrunks eignen sich folgende Pflanzen: Hopfenzapfen, Johanniskraut, Lavendelblüten, Melissenblätter, Orangenblüten, Pfefferminzblätter, Passionsblumenkraut (nicht geeignet für Patienten mit Leber- oder Gallenleiden). In der Regel nimmt man pro Tasse ein bis zwei Teelöffel, die mit kochendem Wasser übergossen werden. Das Ganze muß zehn bis fünfzehn Minuten ziehen, bevor es durch ein Sieb gegossen wird. Wer sein Getränk unbedingt süßen muß, sollte Honig verwenden. Am stärksten ist die Wirkung, wenn der Tee schluckweise getrunken oder gelöffelt wird.

Besonders reizvoll kann es sein, sich seine eigene Teemischung zusammenzustellen – möglichst in größeren Portionen für die Vorratshaltung. Für gestreßte, überlastete Zeitgenossen eignet sich beispielsweise dieses Rezept: 25 g Melissenblätter, 10 g Orangenblüten, 5 g rote Malve. Ein Eßlöffel dieser Mischung wird mit einem Viertelliter siedendem Wasser übergossen und zehn Minuten stehengelassen, danach abgeseiht und etwa fünfzehn Minuten vor dem Schlafengehen getrunken.

Eine Wohltat für Schlafsuchende ist auch dieser Gutenachttee: Die Mischung besteht aus 15 g Weißdornblüten, 15 g Melissenblättern, 10 g Baldrianwurzel, 5 g Hopfenzapfen und 5 g Orangenblüten. Einen Eßlöffel mit einem Viertelliter lauwarmem Wasser übergießen und fünf Stunden unter gelegentlichem Umrühren ziehen lassen. Nach dem Abseihen werden zwei Teelöffel Honig zugefügt.

Aus Knoblauch, der in der Naturheilkunde eine wichtige Rolle spielt, lassen sich wirkungsvolle Schlaftropfen herstellen: Fünf Knoblauchzehen zerquetschen und mit fünf Teelöffel Zucker verrühren; diese Paste in einen Topf geben und mit Wasser bedecken, zum Sieden bringen und mit einem Leinentuch abseihen. Vor dem Zubettgehen werden mehrere Tropfen eingenommen.

Das folgende Einschlafrezept stammt angeblich von französischen Mönchen und hat sich bereits tausendfach bewährt. Sein besonderer Reiz liegt in der Kombination von äußerer und innerer Anwendung. Die Teemischung besteht aus 10 g Melissenblättern, 10 g Pfefferminzblättern, 25 g Benediktendistel. Von dieser Mischung werden für eine Tasse zwei Teelöffel mit heißem Wasser überbrüht und zehn Minuten stehengelassen, danach abgeseiht. Während man den Tee trinkt, nimmt man gleichzeitig ein warmes Fußbad, in dem drei Handvoll Holzasche und eine Handvoll Salz aufgelöst sind.

Wem das alles zu kompliziert ist, der kann auf ein ganz einfaches Rezept zurückgreifen: Ein bis zwei Teelöffel Honig in einer Tasse mit heißer Milch auflösen und vor dem Zubettgehen schluckweise trinken. Wer dazu ein paar frische Brombeeren ißt, wird bestimmt gut schlafen können, denn auch diese Früchte haben durch ihre besonderen Wirkstoffe einen entspannenden, beruhigenden Effekt. Ein anderer bewährter Schlummertrunk ist Malzmilch, die dafür sorgt, daß der Blutzuckerspiegel während des Schlafs nicht absinkt, denn auch diese Veränderung gilt als Störfaktor. Die einschläfernde Wirkung der Milch ist inzwischen durch großangelegte Versuche der Universität Oklahoma (USA) bestätigt worden. Dieses Getränk enthält essentielle Aminosäuren, die sich beruhigend auf die Hirnströme auswirken. Hinzu kommt eine psychische Wirkung: die Milch erinnert uns an die erste Phase unseres Lebens, in der wir an der Mutterbrust nicht nur Nahrung, sondern auch Wärme und Geborgenheit fanden. In unruhigen, gefährlichen Zeiten wächst der Appetit auf Milch.

Die verräterische Schlafhaltung

Die Lage der Könige
Verschränkte Hände
Die Zärtlichkeitssucher
Versteckte Aggressionen – rechtzeitig erkannt
Was geballte Hände verraten
Auf der Suche nach Liebe
Die gesunde Schlafhaltung

> Nur schlafend sind wir ehrlich.
> *Russische Lebensweisheit*

Ständig sind die Psychologen auf der Suche nach Situationen, in denen sich der Mensch unwillkürlich offenbart und »sein wahres Ich« frei von bewußten Kontrollen zeigt. So lag es auf der Hand, auch aus der Schlafhaltung, die wir im Bett einnehmen, Rückschlüsse auf ganz bestimmte Charaktereigenschaften zu ziehen.

Ganz neu sind derartige Bemühungen allerdings nicht, denn schon frühzeitig hatte man erkannt, daß der Schläfer seine Stärken und Schwächen besonders offen zeigt, weil er nicht mehr zur Selbstkontrolle fähig ist. So meint denn auch der Volksmund: »Der König schläft auf dem Rücken, der Weise auf der Seite und der Reiche auf dem Bauch« – Beobachtungen, die inzwischen wissenschaftlich untermauert wurden.

Wer sich mit der Deutung von Schlafpositionen beschäftigen will, muß allerdings bedenken, daß die Haltung im Schlaf immer wieder gewechselt und oft auch durch bestimmte Leiden beeinflußt wird. Für die Charakteranalyse ist vor allem die Position aufschlußreich, die kurz nach dem Einschlafen eingenommen wird.

Die folgenden Erklärungen erheben keinen Anspruch auf Vollständigkeit, und dennoch können sie mithelfen, einen Mitmenschen besser kennenzulernen: Zeige mir, wie du schläfst, und ich sage dir, wer du bist.

Die Rückenlage: Die Arme des Schläfers liegen ausgestreckt und entspannt neben dem Oberkörper, auch die Beine sind ausgestreckt. Der Kopf kann leicht zur Seite geneigt sein. Das ist die Schlafposition der Könige, die es gewohnt sind, im Leben den Ton anzugeben und überall im Mittelpunkt zu stehen. Solche Menschen sind Genießer, lebensfroh, dynamisch, leidenschaftlich und äußerst temperamentvoll. Was sie anpacken, bringen sie auch zu Ende – und fast immer mit Erfolg. Dabei schrecken sie auch vor Rücksichtslosigkeit nicht zurück. Werden die Hände unter den Kopf geschoben, so daß die Ellenbogen links und rechts abstehen und auf dem Kopfkissen liegen, hat man es mit einer Person zu tun, die vor allem ihrem klaren Verstand vertraut. Daraus bezieht sie ihre Selbstsicherheit und ihre Zufriedenheit. Verdeckt ein angewinkelter Arm die Augen des Schläfers, dann ist seine Souveränität nur vorgetäuscht. In Wirklichkeit leidet er unter Ängsten und fühlt sich von seiner Umwelt bedroht, die er auch noch im Schlaf abwehren möchte. Nach Zärtlichkeit und Geborgenheit sehnt sich der Schläfer, der in der Rückenlage die Arme ausbreitet, so als wolle er einen unsichtbaren Partner empfangen. Übereinandergeschlagene Beine verraten Abwehr und Mißtrauen.

Die Seitenlage: Wer kerzengerade auf der Seite im Bett liegt, ist ein nüchterner Mensch, der durch Zuverlässigkeit und Disziplin auffällt. Das Einfühlungsvermögen und die Phantasie sind allerdings nur schwach ausgeprägt. Angewinkelte Beine in der Seitenlage sind ein Indiz für Ausgeglichenheit. Der Schläfer wirkt entspannt und friedlich. Und das ist er auch im Wachzustand. Vorsicht ist geboten, wenn ein Mann oder eine Frau die Hände und Füße in der Seitenlage kreuzt, so daß der Schläfer wie ein Kettensträfling wirkt. Hier muß mit schweren Partnerschaftskonflikten gerechnet werden, von denen sich der Mensch in seiner Freiheit behindert fühlt. Liegen beide Beine genau aufeinander – so wie ein Sandwich –, dann zeichnet sich der Schläfer zwar durch große Anpassungsfähigkeit aus, aber er wagt es nicht, eine eigene Meinung zu äußern. Vielmehr zählt er zu den Angepaßten, die immer Angst haben, unangenehm aufzufallen. Noch im Schlaf sind sie um Symmetrie und Harmonie bemüht.

Die Bauchlage: Wer flach auf dem Bauch liegt, gilt als ordentlich, pünktlich und diszipliniert. Er hat sein Leben perfekt organisiert und neigt zu Egoismus. Kontaktfähigkeit ist nicht seine Stärke. Das Abwinkeln eines Beines in der Bauchlage und das Ausstrecken der Arme gilt als Anzeichen für große geistige Kräfte. Aber auch Aggressionen drücken sich in dieser Schlafposition aus.

Leute, die sich im Bett bis zum Kopf einwickeln, haben Angst vor der rauhen Wirklichkeit. Sie gehen gern den Weg des geringsten Widerstandes, weil Kämpfen ihnen zuwider ist.

Im Schlaf zu Fäusten geballte Hände sind ein Indiz für unterdrückte innere Spannungen, die durch die besondere Handhaltung abgewehrt werden sollen. Vorsicht auch, wenn die Hände des Schläfers halb geöffnet sind. Auf der einen Seite sehnt er sich nach Zärtlichkeit, auf der anderen Seite aber fürchtet er jede engere Bindung.

Auf der Suche nach Liebe ist der Träumer, der sein Kopfkissen eng umklammert. Diese Angewohnheit wird oft in Phasen der Trennung von dem geliebten Partner, aber auch bei Menschen beobachtet, die unter ihrer eigenen Kontaktarmut leiden.

Nebenbei bemerkt: Die Ärzte warnen vor Schlafpositionen, bei denen die inneren Organe gequetscht werden, wie zum Beispiel bei der Bauchlage. Sie empfehlen, sich nach dem Zubettgehen ein bißchen zu räkeln und dann eine bequeme Haltung einzunehmen, die das Einschlafen erleichtert. Wer sich schon am Anfang der Nacht ständig unruhig hin und her wälzt, kommt nicht zur Ruhe.

Bilder zwischen Schlaf und Wachen

*Hypnagoge und hypnopompe Halluzinationen
Bilder durch Musik verstärkt
Chancen zur Lebensbewältigung
Der Segen des Machttraums
Nachrichten aus dem Unterbewußtsein*

> Die Traumkunst träumt,
> und alle Zeichen trügen.
> *Schiller*

Manchmal, wenn wir die Stufe zwischen Wachsein und Einschlafen erreicht haben oder wenn wir morgens dem Erwachen entgegendämmern, tauchen vor unseren Augen seltsame Bilder auf, die man nicht mit dem Träumen verwechseln darf. Hypnagoge und hypnopompe Halluzinationen nennt der Wissenschaftler diese Erscheinungen, mit denen sich die Forschung erst in letzter Zeit eingehender beschäftigt hat.

Häufig werden die Visionen mit geometrischen Figuren – Kreise, Vierecke, Rhomben – oder mit abstrakten Licht- und Farberscheinungen eingeleitet, wobei die Farben regelrecht phosphoreszieren können. Dabei handelt es sich um organisch bedingte Antworten auf ganz bestimmte Netzhautreize.

Fachleute haben herausgefunden, daß derartige Halluzinationen durch Musik verstärkt werden können. Doch für die Schlafforschung sind diese Erscheinungen erst einmal nur ein Anzeichen dafür, daß der Mensch das Stadium der Schläfrigkeit erreicht hat und daß seine gesamte Konzentrationsfähigkeit nachläßt. Wer solche Visionen – Farben, Lichter, Bilder – beispielsweise am Steuer eines Wagens hat, sollte ganz schnell rechts heranfahren und anhalten.

Die Psychologen sehen in diesen Wahrnehmungen eine gute Möglichkeit der Lebensbewältigung. Der Philosoph Ernst Bloch (1885–1974) schreibt in seinem Hauptwerk »Das Prinzip Hoffnung«: »Doch eben, die Menschen träumen nicht nur nachts, durchaus nicht. Auch der Tag hat dämmernde Ränder, auch dort sättigen sich Wünsche. Anders als der nächtliche Traum zeichnet der des Tages frei wählbare und wiederholbare Gestalten in die Luft; er kann schwärmen und faseln, aber auch sinnen und planen.« Diese Wachträume können also so etwas wie eine Quelle der Erleuchtung und kreativer Erfindungen sein.

Für den in der Meditation erfahrenen Menschen ist die Beschäftigung mit den geometrischen Erscheinungen so etwas wie eine geistige Reinigung, die nun einmal für eine klare Erkenntnis unerläßlich ist. Danach sind wir in der Lage, unsere Probleme ganz bewußt in eine Bilderfolge umzusetzen. Wenn wir dabei geduldig sind und das Auftauchen der Visionen zulassen, werden wir vieles über uns selbst erfahren, was uns bis dahin unbekannt war. Denn jedes dieser Bilder enthält eine wichtige Nachricht, die uns schließlich zu intuitiven Durchbrüchen verhelfen kann. Mit der Bildersprache beantwortet das Unterbewußtsein unsere Fragen.

Das Erstaunliche aber ist, daß die Nachrichtenverbindung zu unserem Unterbewußtsein nicht nur einseitig funktioniert. Wir können also auch Botschaften an die Seele verschicken – und zwar wieder in Form von Bildern, denn das ist die Sprache, die von unserer Seele am besten verstanden wird.

Wir stellen uns also vor, wie wir in wenigen Minuten tief und ruhig schlafen werden, und bitten unser Unterbewußtsein auf diese Weise, uns die erquickende Ruhe zu ermöglichen. Wer erst einmal gelernt hat, in sich hineinzuhorchen, wird erfahrungsgemäß ruhiger, gelassener, und alle Sorgen fallen von ihm ab.

Diese Halluzinationen haben eine doppelte Bedeutung. Sie geben

Aufschluß über unser Seelenleben und weisen uns gleichzeitig neue Wege zur inneren Ruhe.

Damit ist der Tagtraum endlich von dem bitteren Beigeschmack des unnützen Kompensationsversuchs und des gefährlichen Realitätsverlustes befreit worden.

Träume – Wächter des Schlafes

Wie die Bilder entstehen
Schutzfunktion für die Gesamtpersönlichkeit
Traumdeuter und ihre Theorien
Heilende Wirkung ohne Deutungsversuch
Warum wir unsere Träume vergessen
Wiederkehrende Traumsituationen
Die Last der prophetischen Träume
Traumsymbole von A–Z

> Dieses ganze Leben,
> darin wir leben,
> ist nur eitel Traum.
> *Martin Luther (1483–1546)*

Das wiederholt sich Nacht für Nacht, während wir schlafen: Plötzlich werden wir von einer merkwürdigen Unruhe befallen. Unser Herz beginnt wie wild zu schlagen; der Puls rast; der Blutdruck steigt. Zuckend werfen wir uns hin und her, bis wir endlich die richtige Lage gefunden haben. So bereiten wir uns auf eine neue Inszenierung im Theater unserer Träume vor.

In den folgenden Minuten wandern unsere Augäpfel hinter den geschlossenen Lidern blitzschnell hin und her, so als müßten sie den raschen Bewegungen der Traumfiguren folgen. Auf unserem Gesicht spiegeln sich Ängste, Erstaunen, Zufriedenheit, Ablehnung und Verzückung wider. Unwillkürlich zucken unsere Hände, und zwar bei Rechtshändern verstärkt die Linke, während es bei Linkshändern genau umgekehrt ist. Das wird auf die Ermüdung der Körperseite zurückgeführt, die im Wachzustand am meisten belastet wird.

Immer wenn wir schlafend wieder einmal eine sogenannte REM-Phase (*rapid eye movement*) erreicht haben, stellen sich für zehn bis etwa fünfzig Minuten die Träume ein. Die Hirnwellen schwingen dann auf einer ganz besonderen Frequenz; in unseren Köpfen spielen sich komplexe biochemische Prozesse ab, und gleichzeitig ist auch unsere Seele aktiv an dem Traumgeschehen beteiligt.

In diesem Abschnitt unseres Lebens sind alle Gesetze der Logik ebenso außer Kraft gesetzt wie unsere Kritikfähigkeit. Mit einer bunten, bizarren Bilderfolge, die aus den tiefsten Schichten unseres Unterbewußtseins aufsteigt, entschädigt uns der Traum für alles, was uns die Wirklichkeit am Tag vorenthalten hat. Er straft uns aber auch für unsere Versäumnisse und Vergehen.

Auf diese ausgleichende Gerechtigkeit kann niemand längere Zeit verzichten, ohne Schaden zu nehmen. Untersuchungen haben ergeben: Wer mehrere Nächte lang mit Hilfe halluzinationshemmender Medikamente am Träumen – wohlgemerkt: am Träumen und nicht am Schlafen – gehindert wird, reagiert auf diesen Entzug mit Bewußtseinsstörungen, Wahnvorstellungen, Depressionen und schließlich mit dem totalen Zusammenbruch.

Glücklicherweise träumen wir alle Nacht für Nacht – auch wenn wir uns am Morgen beim Erwachen nicht mehr daran erinnern können und vorschnell behaupten, wir hätten eine traumlose Nacht verbracht. Dieser seltsame Verdrängungsmechanismus ist nach Sigmund Freud und anderen führenden Traumdeutern so etwas wie eine Art Zensur, mit der alle Traumbilder ausgelöscht werden, die sich nicht mit unseren eigenen Moralvorstellungen vereinbaren lassen. Wer in der Nacht seinen rechthaberischen Chef lustvoll ermordet hat, möchte am Morgen nicht mehr an die Tat erinnert werden.

Dabei erleben wir diese Visionen mit allen unseren Sinnen. Sie bestehen nicht nur aus bunten Bildern – etwa 80 Prozent aller Träume sind farbig –, anders als im Kino werden bei dieser nächtlichen Vorstellung auch Körpergefühle, die Geschmacks- und Geruchsempfindungen angesprochen. So kann es passieren, daß die Zitrone, die uns im Traum gereicht wird, wirklich sauer schmeckt, daß die Rose, über die wir uns beugen, intensiv riecht und daß es uns bei lauernder Gefahr eiskalt über den Rücken läuft.

Die Erlebnisse des Tages, bestimmte Sinnesreize, nicht zu Ende gedachte Gedanken, aber auch ganz persönliche Erfahrungen und Empfindungen bestimmen den Ablauf und die Dramaturgie unserer Traumbilder. Aber alle diese Einflüsse werden auf eine merkwürdige Weise gefiltert und umgesetzt, um unser Seelenleben zu schonen.

So weiß man, daß Verbrecher nur selten von ihren Untaten träumen, sondern sich eher mit irgendwelchen Belanglosigkeiten beschäftigen. Der unauffällige Zeitgenosse dagegen, der seinen Alltag mit Vernunft und Disziplin meistert, ist im Traum durchaus zu brutaler Gewalttätigkeit fähig. Im Schlaf gewinnen die lange Zeit unterdrückten abartigen Wünsche Oberhand und lassen Teufel und Engel gleichzeitig regieren. Auf diese Weise erfüllt der Traum eine wichtige Schutzfunktion für die Erhaltung der Gesamtpersönlichkeit: Wer sich schuldig fühlt, erhält die Chance, wenigstens im Schlaf die Vergangenheit zu vergessen und sich an schönen Bildern zu erfreuen. Der im realen Leben Unterdrückte wächst über sich hinaus und verfügt träumend über ungeahnte Kräfte.

Lange Zeit vermutete man, daß die Träume ausschließlich von äußeren Reizen ausgelöst und beeinflußt werden, die auf den Schläfer einwirken. Als Wegbereiter dieser Theorie gilt der Pariser Archivar Louis Alfred Maury, der 1862 die Ergebnisse seiner ganz privaten Traumforschung veröffentlichte und damit heftige Diskussionen auslöste.

Dazu war er durch einen Alptraum angeregt worden, in dem er seine eigene Verurteilung zum Tode erlebte. Der Henker schnallte ihn auf ein Brett und schob ihn unter das Fallbeil. Deutlich spürte Maury die niedersausende Klinge, die seinen Kopf abtrennte. In diesem Augenblick wachte er mit einem Angstschrei schweißgebadet auf. Und jetzt erst bemerkte er zu seiner Erleichterung, daß in der Nacht das hölzerne Kopfteil seines Bettes zusammengebrochen war und dabei seinen Hals gestreift hatte. Der Traum ließ ihn nie wieder los.

Im Rahmen unzähliger Experimente ließ sich der Archivar von einem Gehilfen im Schlaf die Lippen mit Wasser beträufeln und träumte prompt von einem italienischen Weinkeller, in dem er nach einer langen Wanderung Erquickung fand. Ein Spritzer Eau de Cologne, den man ihm auf einem Taschentuch unter die Nase hielt, genügte, um ihn im Schlaf in den Orient zu versetzen, wo er sich von wohlriechenden Schönen umgeben sah. So war der Herr Archivar davon überzeugt, daß man seine Träume mit den richtigen Reizen selbst bestimmen könne.

Heute nimmt die Forschung an, daß der Traum zwar nicht allein von äußeren Einflüssen bestimmt wird, daß aber viele Reize von außen in das Traumgeschehen einfließen – Reize, die uns normalerweise aus dem Schlaf reißen würden. Das hat dem Traum den Ruf eingebracht, ein aufmerksamer Wächter des Schlafs zu sein.

Sigmund Freud, einer der großen Traumforscher, von dem noch ausführlich die Rede sein wird, hat die Wächterfunktion mit einem fiktiven Traum erklärt, zu dem er sich ausgerechnet durch die Bilderfolge eines ungarischen Witzblattes angeregt fühlte. Im Schlaf hört die Mutter das Rufen ihres Kindes und weiß im Unterbewußtsein, daß der Kleine ein dringendes Bedürfnis verrichten muß. Prompt wird die Situation des Schlafzimmers im Traum in einen Spaziergang umgewandelt. Die Mutter hilft dem Kind, sich an einer Straßenecke zu erleichtern. Sie darf danach also weiterschlafen. Doch der Weckreiz – das Rufen des Kindes – wird immer lauter. Im Traum sieht die Mutter, wie der kleine Bach, den der Junge urinierend hinterlassen hat, zu einem Fluß anschwillt. Noch gaukelt der Traum der Frau vor, alles sei in Ordnung. Ihr Schlaf wird nicht unterbrochen. In den folgenden Traumbildern sieht sie auf dem Fluß Schiffe hin und her fahren: kleine Boote, dann einen Ozeandampfer. Erst als der Weckreiz so intensiv geworden ist, daß ihn die Mutter nicht mehr überhören kann, springt sie aus dem Bett und kann gerade noch verhindern, daß der Kleine sein Lager einnäßt.

Der Traum übernimmt also eine Schutzfunktion, die vor allem dann wirksam wird, wenn der Mensch sehr erschöpft ist und dringend der Ruhe bedarf.

Der Auftakt der nächtlichen Kinovorstellung verläuft nach unterschiedlichen Grundmustern. Entweder fühlt sich der Schläfer schlagartig in die bunte Traumwelt versetzt, oder auf dem »Vorspann« erscheinen rätselhafte Nebelgestalten, Lichtreflexe oder Symbole, aus denen sich langsam die Handlung entwickelt.

Immer wenn es darum ging, Wert und Bedeutung des Traums zu beurteilen, standen sich zwei festgefügte Lager mit ihren Ansichten unversöhnlich gegenüber. Die einen sahen im Traum wichtige Botschaften der Seele, Befehle des Unterbewußtseins, während die anderen ihn als »belanglose Auswirkungen organischer Einflüsse« abtaten. So hat man schon in der Zeit der Aufklärung gedacht, und in der zweiten Hälfte des 19. Jahrhunderts bezeichnete Wilhelm Wundt, einer der führenden Psychologen seiner Zeit, den Traum als »normalen zeitweiligen Wahnsinn«. Dem nächtlichen Geschehen wurde von vornherein jeder deutungsfähige Sinn abgesprochen. Der Volksmund hat diese Meinungen rasch aufgeschnappt. »Träume sind Schäume«, hieß es. Oder: »Wer auf Träume hält, der greift nach dem Schatten und will den Wind haschen.«

Die Künstler aber, und vor allem die Dichter, haben den Visionen des Schlafs zu allen Zeiten vertraut. Sie glaubten an die Macht des

Traums und bezogen aus ihm ihre schöpferischen Kräfte. Sie sahen in ihm eine »Darstellung des Gemüts«, »eine Berührung mit dem Göttlichen«, »ein Mutterland der Phantasie, das mit seiner Bilderwelt Irdischem überlegen ist« – wie es einmal Jean Paul ausgedrückt hat.

Das Leben ein Traum, der Traum ein Leben – auf diese Frage haben die Dichter – jeder auf seine Weise – Antwort gesucht. So verdanken wir ihnen viele Erkenntnisse über dieses Phänomen, das uns dennoch immer noch rätselhaft erscheint.

»Denn in den Räumen dieser Wunderwelt ist eben nur ein Traum das ganze Leben«, heißt es in Calderons Schauspiel »Das Leben ein Traum«. »Im Schlaf und Traum verriet und zeigte meine Seele, was in meinem Herzen war, zeigte es in deutlichen Bildern, der Wahrheit getreu und in prophetischer Form«, schrieb Fjodor M. Dostojewskij (1821–1881), der große Mystiker. Seine Erkenntnis ist später von der modernen Traumforschung bestätigt und erhärtet worden. Sie begann Ende des 19. Jahrhunderts und wurde geprägt von den unterschiedlichsten Schulen, die ihre Theorien mit großem Nachdruck verteidigten. So unterschiedlich ihre Ansätze und Thesen zur Traumdeutung auch gewesen sein mögen – gemeinsam ist ihnen allen der Versuch, über den Traum Zugang zu der rätselhaften menschlichen Seele zu finden.

Von Sigmund Freud (1856–1939), der als erster Traumanalyse mit wissenschaftlichen Methoden betrieb, stammt die inzwischen klassisch gewordene Definition des Traumes als »Via regia ins Unbewußte«.

Im Traum sah der Begründer der Psychoanalyse den Ausdruck verdrängter Wünsche – vor allem sexueller Bedürfnisse. Aufgabe der Traumanalyse sei es, die Botschaften zu enträtseln und die Wünsche zu erkennen, die sich hinter den bunten Bildern verbergen. Denn der

Traum arbeitet laut Freud nach eigenen Gesetzen. Er bedient sich des Mittels der Verdichtung: mehrere Personen, die der Träumer kennt, werden zu einer neuen Figur zusammengesetzt. Er kennt auch das Mittel der Verschiebung: Unwichtiges steht plötzlich im Mittelpunkt des Traumgeschehens, wichtige Nachrichten werden an den Rand verdrängt. Erschwert wird die Traumdeutung auch durch die sogenannte Regression, bei der Gedanken in symbolische Bilder umgeformt werden.

Anders als Freud sah der Schweizer Psychologe Carl Gustav Jung (1875–1961) im Traum mehr als nur den Ausdruck unerfüllter Wünsche und Triebe. Für ihn waren die Visionen ein aktiver Schöpfungsakt der Seele, mit dem sie Stellung zu unterschiedlichsten Lebensproblemen nehmen will. Mit dem Traum rebelliert das Unterbewußtsein gegen als falsch erkannte Haltungen und Einstellungen des Träumers. Der Sinn der Traummotive ergibt sich laut Jung allein aus der persönlichen Situation des Schläfers, die deswegen unbedingt in die Deutung einbezogen werden muß.

Andere Pioniere der modernen Traumforschung – wie zum Beispiel der 1939 verstorbene Wilhelm Steckel – haben auf die Bedeutung der telepathischen Träume hingewiesen, in denen die Psyche die Schranken der Innenwelt durchbricht und Kunde von Ereignissen erhält, die mit normalen Sinnen nicht wahrgenommen werden können – zukünftige Ereignisse zum Beispiel oder das Schicksal einer fernen Person.

Wird der Schläfer also durch den Traum zum Seher? Immer wieder hat es Menschen gegeben, die steif und fest behaupteten, sie hätten bestimmte Ereignisse schon vorher im Traum gesehen. Diese Gabe kann auch zur Last werden. Davon erzählt Johann Falk, ein Zeitgenosse Goethes, in seinem erst Jahrhunderte später veröffentlichten »Geheimen Tagebuch«. Der weitgereiste Schriftsteller und studierte

Theologe – Verfasser des bekannten Weihnachtsliedes »O du fröhliche« – hat zeit seines Lebens alle seine Träume sorgfältig notiert: beklemmende Visionen, in denen er den Untergang seiner Familie, den Tod der Kinder, Hungersnöte und Schrecken voraussah.

Aber die Kulturgeschichte des Traums kennt auch positive telepathische Träume. Als der italienische Dichter Dante Alighieri im September 1321 in Ravenna verstarb, hinterließ er ein unvollendetes Werk. Acht Monate später sah Dantes elfjähriger Sohn Jacopo den toten Vater im Traum – weiß gekleidet und strahlend. Er verriet dem Jungen, er habe die letzten Gesänge seines Werkes »Paradiso« in einer Mauer seines Hauses versteckt. Am nächsten Morgen begann das Kind mit Hilfe von Nachbarn, das Gebäude zu durchsuchen, und entdeckte dabei tatsächlich in einer verborgenen Nische das bereits vom Moder befallene, aber noch lesbare Manuskript. Derartige Prophezeiungen, die sich dann auf wunderbare Weise erfüllten, haben schon immer das Vertrauen in die Macht des Traumes gestärkt. Von einigen Naturvölkern wird berichtet, sie hätten den Traum als eine Art Befehl der Götter gewertet, der um jeden Preis erfüllt werden mußte. Einige Schlitzohren sollen diese Ansicht sogar schamlos für ihre Zwecke ausgenutzt haben, indem sie beispielsweise ihrem Nachbarn erklärten: »Heute nacht hast du mir im Traum dein bestes Rind geschenkt.« Und natürlich war der Angesprochene bemüht, diesem Befehl der Götter nachzukommen, und trennte sich von seinem Vieh.

Das Vertrauen in die Kraft des Traumes spielte auch beim Ritual der Traumheilung eine Rolle, die in der Antike oft die letzte Hoffnung der Kranken war. Nur Sterbenden, die bereits im Koma lagen, und Hochschwangeren war der Zutritt zu den Kultstätten verwehrt, die es in Vorderasien, Ägypten und Griechenland gab.

Nach den vorgeschriebenen Waschungen, Gebeten und nach der

Darbietung eines Opfers zogen sich die Kranken in eine Art Schlafsaal zurück und hofften, daß ihnen die Heilgötter im Traum den Weg in ein besseres Leben wiesen. Und die Chronisten wissen zu berichten, daß viele Patienten schon am nächsten Morgen geheilt und gestärkt erwachten. Sie hatten – so vermutet die moderne Psychologie heute – ihre Leiden auf die Symbole und Figuren der Träume verlagert.

Aber wenn die Genesungsuchenden die Botschaften der Götter richtig verstehen wollten, brauchten sie die Hilfe erfahrener Traumdeuter, die gegen ein Honorar die Analyse übernahmen. Auf Wunsch konnte sogar in Raten gezahlt werden.

Das war schon immer die Crux der Traumdeutung: Nur einem kleinen Kreis Erwählter war es vorbehalten, die Nachrichten der Träume zu entschlüsseln. So hatten die Verfasser der sogenannten Volkstraumbücher mit ihren Werken eine echte Marktlücke entdeckt. Der Leser konnte anhand eines übersichtlichen Stichwortregisters den Sinn seines Traumes allein enträtseln. Übrigens: Das erste Traumbuch – eine Papyrusrolle – erschien schon etwa 2000 v. Chr. in Ägypten. Die sanften Träume waren mit schwarzer Farbe, die Alpträume mit roter verzeichnet. Zu jedem Stichwort gab es eine kurze Erklärung und Ratschläge für die weitere Verhaltensweise.

Und noch heute sind sie geheime Bestseller, die vielen Traumbücher unterschiedlichster Qualität, die uns den Zugang zu unseren nächtlichen Visionen erleichtern wollen.

Doch wer seine eigenen Träume deuten möchte, gerät rasch an unüberwindbare Grenzen. Da ist einmal der bereits beschriebene Verdrängungsmechanismus, der viele Träume einfach auslöscht. Und da ist zum anderen unser Hang, die Bilderfolge nachträglich mit Hilfe unseres auf Logik getrimmten Verstandes nach eigenen Vorstellungen zu ordnen. In Wirklichkeit wird damit das Traumgeschehen nachträglich verfälscht. Aber auch ohne jeden Deutungsversuch entfaltet der Traum seine heilende Wirkung. Wer sich die Bilder des Schlafes am nächsten Tag ins Gedächtnis zurückruft, wer sogar den Versuch macht, sie aufzuschreiben, und dabei seine Gedanken um das im Schlaf Erlebte kreisen läßt, fühlt sich am Ende oft befreit und entspannt. So ist die Beschäftigung mit dem eigenen Traum auch eine gute Möglichkeit, den Schlaf der folgenden Nächte zu verbessern. »Süßer Schlaf, du lösest die Knoten strenger Gedanken, verwischest alle Bilder der Freude und des Schmerzes, ungehindert fließt der Kreis innerer Harmonien, und eingehüllt in gefälligen Wahnsinn, versinken wir und hören auf zu sein«, schrieb Goethe über den therapeutischen Effekt des Schlafs und des Traums.

Wer sich längere Zeit mit den eigenen Träumen beschäftigt hat, wird feststellen, daß bestimmte Grundthemen und -stimmungen immer wieder auftauchen. Da sind zum einen die Angstträume. Am Anfang jedes Traums steht das ängstliche Zusammenzucken unseres Körpers – eine ganz natürliche Reaktion auf das erste Auftauchen der Bilder, die uns völlig unvorbereitet überrollen. In den nächsten Sekunden zeigt es sich, ob es bei diesem einen Schock bleibt, ob der Traum also angenehm verläuft oder ob sich die Schrecken der Nacht häufen. Dann wird der Träumer verfolgt, stürzt ab, will sich erheben und flüchten, aber er fühlt sich wie gelähmt und kommt nicht von der Stelle. Das hängt nicht zuletzt mit der während des Schlafes fast völlig lahmgelegten Muskeltätigkeit zusammen, mit der der Schläfer daran gehindert wird, aus dem Bett zu fliehen.

Angst empfinden wir verständlicherweise auch, wenn wir vom eigenen Sterben, von Friedhöfen, Särgen und Kränzen träumen. Doch häufig sind diese Todesträume nur Ausdruck einer sich langsam anbahnenden Lebensveränderung. Altes wird beerdigt; eine neue Phase bricht an.

Auch wer sich in einer Zwangslage glaubt und ständig gegen seine eigenen Empfindungen handeln muß, träumt oft vom Tod – wie etwa die junge Frau, die sich gegen ihren Willen ihrem herzlosen Mann hingibt. In solchen Fällen kann der Todestraum als Aufforderung gewertet werden, die als unbefriedigend empfundene Situation zu beenden.

Wer das Ableben eines geliebten Mitmenschen im Traum sieht, erschrickt, zumal wenn er erfährt, daß es sich dabei um einen Wunschtraum handeln kann. Doch wie ein Kind erfaßt auch der träumende Erwachsene nicht die Endgültigkeit des Todes. Hinter dem Traum verbirgt sich allein der Wunsch, sich eine Zeitlang aus dem Einflußbereich der Person zu entfernen, deren Ende man im Traum plastisch miterlebt hat.

Unbekümmert zeigen wir im Traum unsere Gefühle, aber längst nicht immer wollen diese Emotionen zu dem Erlebten passen. Wir weinen, wenn uns eigentlich fröhlich zumute sein müßte, und lachen, wenn wir Szenen des Grauens sehen. Doch durch dieses Lachen verliert die Bedrohung ihr Gewicht. Die Seele will uns sagen: »Kein Grund, sich zu ängstigen. Es wird ja alles wieder gut.«

So ist es denn für eine unverfälschte Traumdeutung immer erforderlich, daß wir uns zu erinnern versuchen: Wie habe ich mich während des Traums gefühlt? War ich ängstlich und eingeschüchtert, oder bewahrte ich Kaltblütigkeit?

Zu den Angstträumen zählen auch die meisten »kriminellen« Träume, in denen wir kaltblütig Gewaltverbrechen begehen. Im wirklichen Leben unterdrücken wir unsere Aggressionen, weil wir nicht unangenehm auffallen wollen oder weil wir Angst vor Bestrafung haben. Im Schlaf, wenn das sittliche Regulativ ausgeschaltet ist, suchen sich die verleugneten Emotionen ein Ventil.

Der bekannteste und berüchtigtste aller Angstträume aber ist der

Alptraum, bei dem der Schläfer das Gefühl hat, auf seiner Brust liege eine Zentnerlast und seine Kehle sei zugeschnürt. Interessanterweise führen fast alle Völker dieses beklemmende Erlebnis auf einen Boten des Teufels zurück, auf den Alp, Nachtmar oder Ephialtes, wie die alten Griechen diesen Plagegeist nannten, also auf eine Personifizierung des Bösen. Diese Geister setzen sich auf den Brustkorb des Schläfers und wollen ihn ersticken. So war man früher felsenfest überzeugt, daß man vom Alp verschont blieb, wenn man ihm keine Angriffsfläche bot und auf dem Bauch schlief.

Eine Anhäufung von Alpträumen weist immer auf ein unbewältigtes Lebensproblem hin, auf Versagen, das sich meistens auf den Sexualbereich bezieht. Aber auch vor neuen Herausforderungen, denen sich der Träumer nicht gewachsen fühlt, können sich Alpträume einstellen. Sie sind die Begleiterscheinung jedes neuen Lebensabschnitts, dem wir mit Bangen entgegensehen.

Träume mit sexuellem Hintergrund treten vor allem dann auf, wenn eine reale Triebbefriedigung nicht vollzogen wurde. Hier wird also im Schlaf ein Nachholbedarf gedeckt. Die erotischen Träume sind besonders reich an Symbolen, die der Laie längst nicht immer versteht. Mancher harmlos wirkende Traum hat eine erotische Botschaft. Auf der anderen Seite muß man sich hüten, alle Traumbilder sexuell deuten zu wollen.

So sahen Freud und seine Anhänger beispielsweise im Zahn ein Phallussymbol. Wird ein Zahn gezogen, so fürchtet der Träumer – nach dieser Theorie – unbewußt um seine Liebesfähigkeit. Andere Traumforscher werten Träume vom Zahnziehen als Signale für die Unfähigkeit, das Dasein zu bewältigen. Die Wissenschaft hat erwiesen, daß es einen Zusammenhang zwischen der Triebstärke und der Sexualsymbolik in Träumen gibt. Wo sich das sexuelle Leben frei entfalten kann, kommen Träume mit solchem Inhalt nur selten vor.

Träume von Feuer und Wasser versetzen zwar den Schlafenden in einen Zustand inneren Aufruhrs, aber meistens besteht dazu keine Veranlassung. Beide Symbole sind Anzeichen gewaltiger Energien, die allerdings auch in falsche Richtungen geleitet werden können. Der Mensch, der unglückseligen Leidenschaften nachhängt, wird oft durch das Bild von »Feuer und Wasser« auf die Gefährlichkeit seines Tuns hingewiesen.

Sogenannte Verlegenheitsträume kreisen häufig um das Thema Bekleidung und Blöße. Ungewöhnliche Bekleidungsstücke – zum Beispiel Clownskostüme –, mit denen der Schläfer im Traum auffällt, weisen auf eine Identitätskrise hin. Der Träumer fühlt sich nicht wohl in seiner Haut, hat aber Angst, neue Wege einzuschlagen. Wer nackt durch seine Träume läuft und dabei schamrot wird, hat unbewußt den Verdacht, von seinen Mitmenschen durchschaut zu werden. Wird das Ablegen der Kleidung bewußt genossen, dann gilt das als ein Signal für wachsendes Selbstbewußtsein, für Vitalität und Lebensfreude.

Eine für den Menschen besonders wichtige Traumgattung ist der kreative Traum, aus dem wir – ohne den Umweg einer langwierigen Deutung – schöpferische Ideen oder Problemlösungen beziehen können. Im Schlaf sehen wir ganz deutlich vor uns, wie wir bestimmte Aufgaben schnell und perfekt lösen können. Künstler und Naturwissenschaftler haben sich schon immer dieser Kraft bedient und aus dem Traum Anregungen für ihre Werke und Forschungsprojekte bezogen. Dante zum Beispiel soll einen großen Teil seiner Dichtung geträumt und dann später »nur« niedergeschrieben haben. Der Atomphysiker Nils Bohr fand im Traum das nach ihm benannte Atommodell.

Eindrucksvoll ist auch das Bekenntnis des Komponisten Giuseppe Tartini, denn seine Aufzeichnungen beweisen, daß der Traum nicht nur aus bunten Bildern besteht, sondern auch wohlklingende Töne enthalten kann. Tartini berichtete: »Im Jahre 1713 träumte ich in einer Nacht, daß ich einen Pakt geschlossen hätte und der Teufel in meinen Diensten stände. Alles gelang mir nach Wunsch, alles, was ich begehrte, ging mir im vorhinein in Erfüllung, meine Wünsche wurden durch die Dienste meines neuen Bedienten stets übertroffen. Ich hatte den Einfall, ihm meine Geige zu geben, um mich zu überzeugen, ob er es fertigbringen würde, mir schöne Melodien vorzuspielen. Aber wie groß war mein Erstaunen, als ich ihn eine so merkwürdige und schöne Sonate mit so viel Meisterschaft und so viel Geist vortragen hörte, daß nichts, was ich geschaffen hatte, damit verglichen werden konnte. Ich war darüber so verwundert, entzückt und begeistert, daß mir der Atem verging. Ich erwachte durch diese heftige Erregung, nahm sofort meine Geige und hoffte, etwas von dem, was ich soeben gehört hatte, wiederzufinden. Doch es war vergeblich. Das Stück, welches ich dann komponierte, ist in Wahrheit das Beste, was ich je gemacht habe, und ich nannte es auch die ›Teufelssonate‹. Doch blieb es weit hinter dem zurück, was ich im Traum gehört hatte.«

Nicht nur bestimmte Grundthemen tauchen in den Träumen immer wieder auf, sondern auch Symbole und Archetypen – aus Märchen und Legenden überlieferte Bilder zum Beispiel. Sie sind ein wichtiger Schlüssel zum besseren Verständnis der Träume. Wichtig ist aber immer das persönliche Verhältnis des Träumers zu den einzelnen Symbolen. Welche Vorstellungen verbindet er damit? Haben sie in seinem Leben schon einmal eine Rolle gespielt? Mißt er ihnen Bedeutung zu?

Die folgende Auswahl der Bilder und deren Deutung erhebt natürlich keinen Anspruch auf Vollständigkeit. Sie soll nur eine Anregung sein, sich eingehend mit den eigenen Träumen zu beschäftigen.

Abend spielt in vielen Träumen eine wichtige Rolle, denn er ist das Symbol des Unterbewußtseins, das im Traumgeschehen zur Geltung kommt. Das Bild kann aber auch auf die zweite Lebenshälfte hinweisen.

Abgrund signalisiert Gefahr. Der Träumer wird aufgefordert, seinen Lebenskurs zu ändern. Verläuft die Wanderung am Rande des Abgrunds ohne unangenehme Zwischenfälle und weitgehend angstfrei oder tut sich sogar ein Überweg auf, dann will die Seele dem Schläfer raten, einen beschwerlichen Weg fortzusetzen.

Acker steht für geistige Fruchtbarkeit. Die weitere Bedeutung ergibt sich aus dem Zusammenhang, in dem das Bild auftaucht. Arbeiten auf dem Acker Landwirte, dann ist das eine Aufforderung, ein Problem noch einmal zu überdenken. Ein unbestellter Acker weist auf seelische und geistige Leere hin.

Adler ist das Symbol großer Ideen und sexueller Potenz. Wird der Adler im Flug behindert, dann sind entscheidende Werte in Gefahr.

Ameisen verweisen wie andere Insekten auch auf Gefahren für die Seele. So kündigen sich beispielsweise häufig Neurosen an. Der Mensch hat Angst, seine unverwechselbare Persönlichkeit zu verlieren und in der Masse unterzugehen.

Apfel gilt als Symbol der Verführung – eine Erinnerung an den Sündenfall. Längst nicht immer ist damit nur der Bereich der Sexualität gemeint; die Verführung kann sich auch auf andere Gebiete des Lebens erstrecken.

Arzt gilt als besonders vielschichtiges Traumsymbol. Die nähere Bedeutung ergibt sich aus dem Gesamtinhalt des Traumes. Der Arzt kann Helfer und Retter sein, aber auch sich anbahnende Lebenskrisen verkörpern.

Auge verkörpert das Bewußtsein. Mit dem Auftauchen dieses Bildes will die Seele den Träumer ermahnen, Dinge sehr nüchtern zu sehen und sich der Wahrheit nicht zu verschließen. Für Freud war das Auge ein Hinweis auf das weibliche Sexualorgan.

Bäcker – alle Bilder, die um diesen Beruf kreisen, haben eine positive Bedeutung. Sie verkörpern einen schöpferischen Prozeß, stehen für geistige Nahrung.

Bad ist die Aufforderung, sich von irgendwelchen Belastungen »reinzuwaschen«. Das Bild taucht oft vor dem Eintritt in einen neuen Lebensabschnitt auf, auf den sich der Schläfer sorgfältig vorbereiten soll.

Bahnhof kündigt Veränderungen des Lebens an – ob sie zum Guten oder Schlechten führen, hängt von dem weiteren Verlauf des Traumes ab. Kommt der Träumer zu spät zum Bahnhof, dann hat er wahrscheinlich im realen Leben eine Chance verpaßt.

Bart verkörpert die Vitalität des Mannes. Wird der Bart abrasiert, dann ist das ein Alarmzeichen: seelische Krisen kündigen sich an. Ein schnell sprießender Bart symbolisiert Aggressionen, die sich nicht länger unterdrücken lassen.

Berg ist auch im Traum die Stätte der guten Übersicht, des klaren Durchblicks. Beschwerliche Bergwanderungen sind Aufforderungen, bei der Suche nach der Wahrheit nicht müde zu werden.

Bett gilt als Symbol der Sexualität, aber auch der nachlassenden Energien. Durch besonders große Betten wird der Symbolwert noch unterstrichen.

Blüten sind die Sinnbilder der guten Gefühle. Wichtig ist hier der weitere Verlauf des Traumes: Knospen kündigen einen Gefühlsreichtum an, verwelkte Blumen warnen vor dem Verlust wertvoller Emotionen.

Blut steht im Traum für Vitalität und für Leidenschaft. Szenen, in denen man Blut verliert, also auch Blutentnahmen im Krankenhaus, sind Signale, die vor dem Ende einer Liebesbeziehung warnen wollen. Oder es bahnt sich eine andere Krise an. Jede Form von Blutzufuhr bedeutet dagegen eine Bereicherung des Gefühlslebens.

Chaos, also Szenen, in denen die Ordnung zusammenbricht, in denen Menschen wild umherrennen, Häuser zusammenstürzen, aber auch chaotische Farberscheinungen sind noch kein Grund zur Besorgnis, wenn sich daraus später ein gewisses Ordnungsprinzip ergibt – etwa das Auftauchen von Zahlen- oder Buchstabenkolonnen. Das Unterbewußtsein will den Träumer auffordern, seine Lebensweise zu verändern, auch wenn das mit Opfern und Verlusten verbunden ist. Folgt dem Chaos allerdings kein ordnendes Prinzip, dann kündigt sich mit diesen Symbolen eine schwere Nervenkrise an. Der Träumer fühlt sich überfordert und braucht Hilfe.

Dach ist ein Hinweis auf längst vergessene Erfahrungen und Empfindungen. Häufig wird durch dieses Bild eine Brücke zur Vergangenheit geschlagen.

Drachen tauchen in vielen Träumen auf. Sie verkörpern die gefährliche Seite des anderen Geschlechts. Häufig leiden diese Träumer unter sexuellen Konflikten, die dann in Form eines Drachenkampfes ausgetragen werden.

Einbrecher verkörpern im Traum Verluste. Gemeint sind damit nicht nur materielle Einbußen, das Symbol bezieht sich auch auf den Gefühlsbereich. Schlüpft der Träumer selbst in die Rolle des Einbrechers, dann besteht die Gefahr, daß er sich in fremde Angelegenheiten einmischen will.

Engel sind zwar Sendboten des Herrn, die immer nur Gutes bringen, aber sie symbolisieren auch die Hilflosigkeit des Träumers, der sich nicht in der Lage fühlt, seine eigenen Angelegenheiten zu ordnen. In dieser Situation hofft er auf ein Wunder.

Exkremente werden in der Traumforschung sehr unterschiedlich beurteilt. Sie gelten als Hinweis auf die Angst des Träumers, für eine ganz bestimmte Tat bestraft zu werden. Andere Auslegungen besagen: Sie sind ein positives Zeichen, denn der Träumer kann mit einem wachsenden Gewinn rechnen. Man muß also in diesem Fall den weiteren Verlauf des Traumes in Betracht ziehen, um sich einen Reim aus diesem Symbol zu machen.

Fessel verweist meistens auf die Partnerschaft. Je nachdem, wie der Träumer die Fesselung erlebt, ob freudig oder ängstlich, verkörpert das Symbol den Wunsch nach enger Bindung oder aber auch das Aufbegehren gegen Bevormundung und Unfreiheit.

Fliegen – gleichgültig, ob an Bord eines Flugzeuges oder ob mit eigenen Flügeln – immer bedeutet das im Traum: Abschied von der Realität und zugleich Aufforderung, die Dinge von einer höheren Warte aus zu sehen.

Fluß ist ein sehr vielschichtiges Symbol, das für die Energie des Menschen, aber auch für seinen ganzen Lebensweg stehen kann. Ein gestauter Fluß gilt in beiden Fällen als Warnsignal.

Frosch weist, ähnlich wie die Unke oder die Kröte, auf eine Verwandlung hin, die dem Träumer entweder bevorsteht oder die er bereits hinter sich gebracht hat. Häufig ist dieses Bild auch eine Ermutigung, die Veränderung anzustreben. Nur wer beim Anblick des Frosches Ekelgefühle empfindet, muß mit einer erheblichen Lebenskrise rechnen.

Garten ist das Sinnbild der Fruchtbarkeit, des Wachstums und der Entspannung, aber auch der Partnerschaft, die sich positiv entwickeln wird.

Gefängnis weist auf eine Einschränkung des Träumers hin. Das kann sich beispielsweise auf die Ehe beziehen, die als Kerker empfunden wird. Jedenfalls steht die Lebenssituation nicht im Einklang mit den Erwartungen des Träumers. Ausbrüche aus dem Gefängnis sind immer ein gutes Zeichen. Das Unterbewußtsein ermutigt den Menschen, die belastende Situation nicht länger hinzunehmen, sondern zu handeln.

Geld wird als Traumsymbol oft falsch interpretiert. Nicht materieller Reichtum ist zu erwarten, sondern ein Zuwachs an seelischer Energie. Der Verlust von Geld deutet auf den Verlust irgendwelcher Talente oder Fähigkeiten hin.

Glasscheiben verweisen auf die Vergänglichkeit vieler Dinge. Der Träumer wird aufgefordert, sein Herz nicht an materielle Werte zu hängen. Die Scheibe kann auch Symbol der Isolierung sein, unter der heute viele Menschen leiden. Ganze Fenster dagegen verheißen neue Erfahrungen und »Durchblicke«. Glasgefäße sind auch im Traum etwas sehr Kostbares: es kommt auf den Inhalt an, der durch dieses Bild erhöht werden soll.

Herz bedeutet Lebensmittel, Motor, Sitz der Gefühle. Wem im Traum das Herz herausgerissen (herausoperiert) wird, hat das Gefühl totaler Erschöpfung.

Himmel – solange er hell und freundlich ist – hat stets einen positiven Ausgangswert: grenzenlose Glücksgefühle, großartige Ideen und Gedanken. Bei stark bewölktem Himmel kündigen sich Krisen oder andere negative Veränderungen an. Das Aufsteigen zum Himmel gilt immer als Warnung vor Anmaßung und vor eigener Überschätzung.

Hinrichtung ist immer eine Aufforderung des Unterbewußtseins, bestimmte Zustände oder Beziehungen zu beenden – auch wenn das schmerzhaft sein sollte.

Hotel steht im Traum für eine Übergangssituation. Oft verbirgt sich dahinter der Rat, kurzfristige Unbequemlichkeiten getrost in Kauf zu nehmen, weil sich danach positive Tendenzen abzeichnen.

Insel gilt im Traum als Ziel der Wirklichkeitsflucht. Der Träumer hängt gefährlichen Phantasien nach und verliert die Beziehung zur Realität.

Jäger verkörpert im Traum die animalischen Kräfte des Menschen. Oft ist damit eine Empfehlung an den Träumer verbunden, sich über moralische Bedenken hinwegzusetzen.

Katze verweist auf den Gefühlsbereich des Träumers: Sensibilität, Zärtlichkeitshunger, aber auch Wunsch nach Distanz. Extrem große Katzen warnen vor Egozentrik.

Kind verweist meistens auf neue Chancen: anstehende Konflikte werden gemeistert. Kleine Kinder – Babys also – drücken allerdings den Wunsch des Träumers aus, sich der Verantwortung zu entziehen.

Kirche ist so etwas wie eine Aufforderung des Unterbewußtseins, oberflächliches Verhalten aufzugeben und nach dem wahren Sinn des Lebens zu suchen.

Krankenhaus ist ein häufig auftauchendes Symbol der Hilflosigkeit. Der Träumer kann seine Probleme nicht aus eigener Kraft lösen und sehnt sich nach einer rettenden Hand. Manchmal ist dieses Bild auch eine Aufforderung, fachmännischen Beistand einzuholen. Die Art der Erkrankung, die in der Klinik behandelt wird, gibt nähere Auskünfte über das Wesen des Konfliktes. So weisen Erkrankungen der Atmungsorgane beispielsweise auf eine unerträgliche Einengung hin. Krankheiten des Verdauungstraktes lassen den Rückschluß zu, daß der Träumer nicht in der Lage ist, seine Gefühle offen zu zeigen.

Kreuz steht im Traum für alle Ordnungsprinzipien. Die Seele befiehlt mit diesem Bild, Gedanken, aber auch bestimmte Lebensumstände zu ordnen. Häufig taucht dieses Symbol am Anfang eines neuen Lebensabschnitts auf.

Küche ist im Traumgeschehen der Ort des schöpferischen Handelns. Dem Träumer wird geraten, mehr Tatkraft zu entwickeln.

Leiter kündigt Veränderungen negativer und positiver Art an – also Auf- oder Abstieg. Schwankende oder gar zerbrochene Leitern verweisen auf erhebliche Schwierigkeiten. Ob sie gemeistert werden, ergibt sich aus dem weiteren Verlauf des Traums.

Löwe hat sehr unterschiedliche Bedeutungen. Einmal verkörpert das Tier im Traum Kraft und Würde, ein anderes Mal Heimtücke und Aggression. Es kommt also auf die Zusammenhänge an, in denen der Löwe zu sehen ist.

Maschine ist ein Signal, das vor seelischen Krisen warnt – zumal wenn die Maschine angsteinflößend wirkt. Der Träumer leidet unter seiner ständigen Überforderung und glaubt, in der Masse unterzugehen. Wird eine Maschine sinnvoll zusammengesetzt, dann hat dieses Bild positive Aussagekraft: Probleme können konstruktiv gelöst werden.

Maske drückt den Wunsch des Träumers aus, seine eigene Identität aufzugeben und in andere Rollen zu schlüpfen.

Meer symbolisiert das Lebendige, aber auch das Nichtgreifbare.

Messer kommt einer Aufforderung gleich, sich von der Vergangenheit zu trennen. Das kann sich auch auf zwischenmenschliche Verbindungen beziehen. Mit diesem Bild will uns die Seele sagen, daß die Trennung nicht ohne Schmerzen verläuft.

Milch kündigt neue Erfahrungen und neues Wissen an, durch das sich das Selbstbewußtsein des Träumers stärkt.

Nase ist ein erotisches Symbol. Ein neuer Partner taucht auf; es geht darum, seine Qualitäten rechtzeitig zu entdecken.

Ofen symbolisiert Gefühlswärme.

Pferd verkörpert Kraft, Schnelligkeit, vor allem aber Potenz. Schwarze Pferde kündigen Unheil an.

Polizist verkörpert die gesellschaftliche Ordnung. Das Auftauchen dieses Bildes kann auch eine Ermahnung sein, nicht aus der menschlichen Gesellschaft auszuscheren.

Quelle verheißt neue Kräfte, vor allem seelische Energie.

Regen hat die Bedeutung einer geistigen Befruchtung und einer seelischen Reinigung. Was den Träumer bisher an seiner Entwicklung gehindert hat, wird abgewaschen und fortgespült.

Reise verweist auf wichtige Veränderungen des Lebens. Dabei spielt es keine Rolle, mit welchem Verkehrsmittel die Reise angetreten wird.

Riese gilt als nur schwer deutbares Symbol. Es kann vor Überheblichkeit warnen, aber auch einer Aufforderung gleichkommen, bei Problemlösungen nur dem hellen Menschenverstand zu folgen.

Schatz verweist auf ungenutzte Talente, die mobilisiert werden sollten.

Schlafzimmer steht meistens für die Partnerschaft, der Sinn ergibt sich aus dem weiteren Verlauf des Traums. Streit im Schlafzimmer verweist auf Partnerschaftskonflikte.

Schmetterling verkörpert die Seele. Ein in die Luft aufsteigender Schmetterling bedeutet: Laß alle Hindernisse hinter dir und entwickle dich so, wie du es gern möchtest.

Schuh zeigt den Standort des Träumers an: zum Beispiel symbolisiert ein Schuh in einer Wüstenlandschaft die Einsamkeit des Menschen, der sich unverstanden fühlt.

Silber ist ein gutes Anzeichen. Vor allem weibliche Werte werden auf diese Weise betont und hervorgehoben.

Speichel erinnert den Träumer an seine Kräfte, die er verstärkt einsetzen sollte.

Spiegel bietet dem Träumer die Gelegenheit, seine eigenen Licht- und Schattenseiten kennenzulernen, – die Möglichkeit zur kritischen Selbstüberprüfung.

Tanz erinnert den Schläfer an sein Harmoniebedürfnis, das in der letzten Zeit zu kurz gekommen ist. Angestaute Emotionen sollten rasch über Bord geworfen werden.

Tür erschließt dem Träumer neue Möglichkeiten, sich selbst zu entfalten.

Überschwemmung ist ein sicheres Zeichen dafür, daß der Träumer von seinen Sorgen überrollt wird.

Wiese signalisiert positive Entwicklungen.

Zwerg verkündet Hilfe von außen, mit der wir überhaupt nicht mehr gerechnet haben.

Geschichten rund um den Traum

Die Traumbuche von Richard von Volkmann-Leander
Ein Traum von Iwan Turgenjew

> Wer unsere Träume stiehlt,
> gibt uns den Tod.
> *Konfuzius (551–479 v. Chr.)*

Vor allem das Unheimliche, das Unfaßbare des Traums hat die Dichter aller Zeiten immer wieder fasziniert und zu neuen Werken angeregt. Dafür zwei sehr unterschiedliche literarische Beispiele – Erzählungen rund um den Traum. Die eine stammt von dem großen russischen Dichter Iwan S. Turgenjew (1818–1883) – eine einfühlsame psychologische Analyse.

Die andere ist der Märchensammlung »Träumereien an französischen Kaminen« entnommen, die der preußische Generalarzt Richard von Volkmann-Leander 1871 veröffentlichte. Niedergeschrieben hat er seine Geschichte von der Traumbuche während des Deutsch-Französischen Krieges 1870/71 bei der Belagerung von Paris. Im Vorwort erinnert sich der Verfasser:

»Da saßen wir, wenn des Tages Arbeit gethan und der Abend von den anmuthigen, die Seinestadt umkränzenden Höhen herabstieg, einsam an den Kaminen der verlassenen französischen Villen und Schlösser. Und wenn das Feuer knisterte und die Funken flogen, überkamen gar Manchen alte, sonderbare Gedanken. In Leib und Gestalt traten sie hervor hinter den großen dunklen Gardinen und aus den bunten Kattuntapeten und drängten sich dicht heran an den Träumer. Und wenn er ihnen verwundert ins Gesicht sah, so waren es alte Bekannte und darunter viel langvergessene – wohl aus der Kinderzeit. Denn man glaubt nicht, was alles ein deutscher Soldat an französischen Kaminfeuern zu träumen vermag. Spécialité de rêveries allemandes. Allez donc! –«

Traumbuche

Hundert Jahre oder mehr ist's wohl schon her, daß der Blitz in sie einschlug und sie von oben bis unten auseinanderpellte, und eben so lange schon geht der Pflug über die Stätte; – früher aber stand einige hundert Schritte vor dem ersten Hause des Dorfes auf einem grünen Rasenhügel eine alte mächtige Buche; so ein Baum, wie jetzt gar keine mehr wachsen, weil Thiere und Menschen, Pflanzen und Bäume immer kleiner und erbärmlicher werden. Die Bauern sagten, sie stamme noch aus der Heidenzeit, und ein heiliger Apostel sei unter ihr von den falschen Heiden erschlagen worden. Da hätten die Wurzeln des Baumes das Apostelblut getrunken, und wie es ihm in den Stamm und die Äste gefahren, sei er davon so groß und kräftig geworden. Wer weiß, ob's wahr ist? Eine eigene Bewandtnis aber hatte es mit dem Baum; das wußte Jeder, Klein und Groß, im Dorf. Wer unter ihm einschlief und träumte, des Traum ging unabweislich in Erfüllung. Deshalb hieß er schon seit undenklichen Zeiten die Traumbuche, und Niemand nannte ihn anders. Eine besondere Bedingung war jedoch dabei: wer sich zum Schlaf legte unter die Traumbuche, durfte nicht daran denken, was er wohl träumen würde. That er es doch, so träumte er nichts wie Krims-Krams und verworrenes Zeug, aus dem kein vernünftiger Mensch klug werden konnte. Das war nun allerdings eine sehr schwere Bedingung, weil die meisten Menschen viel zu neugierig sind, und so mißlang es denn auch den allermeisten, die es versuchten; und zu der Zeit, wo die folgende Geschichte sich zutrug, war im Dorf wohl kein Einziger, weder Mann noch Weib, dem's auch nur ein einziges Mal gelungen wäre. Aber seine Richtigkeit hatte es mit der Traumbuche, das war sicher. –

Eines heißen Sommertages also, da kein Lüftchen sich regte, kam auch einmal ein armer Handwerksbursche die Straße daher gewandert, dem war es in der Fremde viele Jahre hindurch weh und übel gegangen. Als er vor dem Dorfe anlangte, drehte er zum Überfluß noch einmal alle seine Taschen um, doch sie waren sämmtlich leer. »Was fängst du an?« dachte er bei sich. »Todtmüde bist du; umsonst nimmt dich kein Wirth auf, und das Fechten ist ein beschwerliches Handwerk.« Da erblickte er die herrliche Buche mit dem grünen Rasenhügel davor; und da sie nur wenige Schritte abseits vom Wege stand, legte er sich unter sie in's Gras, um etwas auszuruhen. Doch der Baum hatte ein seltsames Rauschen, und wie er seine Zweige leise bewegte, ließ er bald hier, bald da einen feinen glitzernden Sonnenstrahl durchfallen und bald hier, bald da ein Stückchen blauen Himmel durchscheinen: da fielen ihm die Augen zu, und er schlief ein.

Als er eingeschlafen war, warf die Buche einen Zweig mit drei Blättern herab, der fiel ihm gerade auf die Brust. Da träumte er, er säße in einer gar heimlichen Stube am Tisch, und der Tisch wäre sein, und die Stube auch, und ebenso das Haus. Und vor dem Tisch stände eine junge Frau, stützte sich mit beiden Händen auf den Tisch und sähe ihn gar freundlich an, und das wäre seine Frau. Und auf seinen Knieen säße ein Kind, dem fütterte er seinen Brei, und weil er zu heiß wäre, bliese er immer auf den Löffel. Und da sagte die Frau: »Was du doch für eine gute Kindermuhme bist, Schatz!« und lachte darüber. In der Stube aber spränge noch ein anderes Kind herum, ein dicker, pausbäckiger Junge, und hätte an einer großen Mohrrübe einen Bindfaden gebunden und zöge sie hinter sich her, und riefe immer hü und hott, als wär's der beste Fuchs. Und alle beide Kinder wären ebenfalls sein.

So träumte er; und der Traum mußte ihm wohl sehr gefallen, denn er lachte im Schlaf über's ganze Gesicht.

Als er aufwachte, war es schon fast Abend geworden, und vor ihm stand der Schäfer mit seinen Schafen und strickte. Da sprang er erquickt auf, dehnte und reckte sich und sagte: »Lieber Himmel, wem's so wüchse! Es ist aber doch hübsch, daß man nun wenigstens weiß, wie's ist.« Da trat der Schäfer an ihn heran und fragte ihn, woher er käme und wohin er wollte, und ob er schon etwas von dem Baume gehört habe. Nachdem er sich überzeugt, daß er so unschuldig war, wie ein ungeborenes Kind, rief er aus: »Ihr seid ein Glückspilz! Denn daß ihr etwas Gutes geträumt habt, war ja auf eurem Gesichte zu lesen; habe ich euch doch schon lange betrachtet, wie ihr so dalagt!« Darauf erzählte er ihm, was es für eine Bewandtniß mit dem Baume habe: »Was ihr geträumt habt, geht in Erfüllung; das ist so sicher, als wie, daß das hier ein Schaf, und das dort ein Bock ist. Fragt nur die Leute im Dorf, ob ich nicht recht habe! Nun sagt aber auch einmal, was ihr geträumt habt!«

»Alterchen«, erwiderte der Handwerksbursche schmunzelnd, »so fragt man die Bauern aus. Meinen schönen Traum behalte ich für mich; das könnt ihr mir nun schon gar nicht verdenken. Aber daraus werden thut doch nichts!« Und das sagte er nicht bloß so, sondern es war sein Ernst; denn als er nun auf das Dorf zuging, sprach er vor sich hin: »Papperlapapp, Schäferschnack! Möchte wohl wissen, wo der Baum die Wissenschaft her haben sollte.«

Als er in das Dorf kam, ragte am dritten Haus vom Giebel eine lange Stange heraus, an der hing eine goldene Krone, und unten vor der Haustüre stand der Kronenwirth. Der war gerade sehr guter Laune, denn er hatte schon zu Nacht gegessen und war rund herum satt, und das war seine beste Stunde. Da zog er höflich den Hut und fragte, ob er ihn nicht um einen Gotteslohn zur Nacht behalten wolle. Der Kronenwirth besah sich den schmucken Burschen in seinen staubigen, abgerissenen Kleidern von oben bis unten. Dann nickte er freundlich und sagte: »Setz dich nur gleich hier in die Laube neben die Thür; es wird wohl noch ein Stück Brot und ein Krug Wein übrig geblieben sein. Unterdessen können sie dir eine Streu machen.« Darauf ging er hinein und schickte seine Tochter, die brachte Brot und Wein, setzte sich zu ihm und ließ sich erzählen, wie es in der Fremde aussähe. Dann erzählte sie ihm auch wieder alles, was sie wußte, aus dem Dorf: wie der Weizen stände, und daß des Nachbars Frau Zwillinge bekommen hätte, und wann das nächste Mal in der Krone zu Tanz gespielt würde.

Auf einmal aber stand sie auf, bog sich zu dem Handwerksbursche über den Tisch hinüber und sagte: »Was hast du denn da für drei Blätter am Latz?« Da sah der Handwerksbursche hin und fand den Zweig mit den drei Blättern, der während des Schlafs auf ihn herabgefallen war. Er stak ihm gerade im Latz. »Die müssen von der großen Buche dicht vor'm Dorfe sein«, erwiderte er, »unter der ich einen kleinen Nick gemacht habe.«

Da horchte das Mädchen neugierig auf und wartete, was er wohl weiter sagen würde. Als er schwieg, begann sie ihn gar vorsichtig auszukundschaften, bis sie sicher war, daß er wirklich unter der Traumbuche geschlafen; und dann ging sie so lange wie die Katze um den heißen Brei, bis sie sich überzeugt zu haben glaubt, daß er nichts von der sonderbaren Kraft und Eigenschaft der Traumbuche wisse; denn er war ein Schalk und that so, als wüßte er gar nichts. Als sie auch damit fertig war, holte sie noch einen Krug Wein, sprach ihm freundlich zu, daß er doch trinken möge, und erzählte ihm alles Mögliche, was sie geträumt hätte, und wie es doch gar schade wäre, daß nie etwas in Erfüllung ginge.

Indem kam der Schäfer vom Felde zurück und trieb die Schafe

durch die Dorfstraße. Als er an der Krone vorbeikam und das Mädchen mit dem Handwerksburschen in eifrigem Gespräch in der Laube sitzen sah, blieb er einen Augenblick stehen und sagte: »Ja, ja, euch wird er schon den hübschen Traum erzählen; mir will er nichts sagen!« Darauf trieb er seine Schafe weiter.

Da ward das Mädchen noch neugieriger, und wie er immer noch nichts von seinem Traum sagte, konnte sie es nicht mehr verwinden und fragte ihn ganz offen, was er denn, während er unter der Buche geschlafen, geträumt habe.

Da machte der Handwerksbursche, der ein arger Schalk und durch den schönen Traum übermüthig fröhlich gestimmt war, ein schlaues Gesicht, zwinkerte mit den Augen und sagte: »Einen herrlichen Traum habe ich gehabt, das muß wahr sein; aber ich getraue mich nicht zu sagen, wie er war.« Aber sie drang immer weiter in ihn und quälte, er möchte es doch sagen. Da rückte er ganz nahe an sie heran und sagte ernsthaft: »Denkt nur, mir hat geträumt, ich würde noch einmal des Kronenwirths Töchterlein heiraten und später selbst Kronenwirth werden!«

Da wurde das Mädchen erst kreideweiß und dann purpurroth und ging ins Haus. Nach einer Weile kam sie wieder und fragte, ob er das wirklich geträumt habe und es sein Ernst sei.

»Gewiß, gewiß«, sagte er, »gerade wie ihr sah die aus, die mir im Traum erschienen ist!« Da ging das Mädchen abermals in's Haus und kam nicht wieder. Sie ging in ihre Kammer, und die Gedanken liefen ihr über's Herz wie Wasser über's Mehl: immer neue und immer andere und immer wieder dieselben, so, daß es gar kein Ende hatte. »Er weiß nichts von dem Baume«, sagte sie. »Er hat's geträumt. Ich mag wollen oder nicht, es wird schon so kommen. Es ist nichts daran zu ändern.« Darauf legte sie sich zu Bett, und die ganze Nacht träumte sie von dem Handwerksburschen. Als sie am anderen Morgen aufwachte, kannte sie sein Gesicht ganz auswendig, so oft hatte sie es über Nacht im Traum gesehen – und ein schmucker Bursche war's, das ist wahr.

Der Handwerksbursche aber hatte auf seiner Streu wundervoll geschlafen; Traumbuche, Traum, und was er am Abend zu der Wirthstochter gesagt, längst vergessen. Er stand in der Wirthsstube an der Thür und wollte eben dem Kronenwirth die Hand reichen zum Abschied. Da trat sie herein, und wie sie ihn reisefertig dastehen sah, überfiel sie eine sonderbare Angst, als dürfe sie ihn nicht fortlassen. »Vater«, sagte sie, »der Wein ist immer noch nicht gezapft und der junge Bursch hat nichts zu thun; könnte er einen Tag hierbleiben, so möchte er sich seine Zeche verdienen und ein Stückchen Reisegeld obendrein.« Und der Kronenwirth hatte nichts dagegen, denn er hatte schon seinen Morgentrunk gemacht und gefrühstückt und war satt, so daß es seine beste Stunde war.

Doch das Zapfen ging sehr langsam, und das Mädchen hatte immer dies oder jenes, weshalb der Handwerksbursche einmal aus dem Keller herauf geholt werden mußte. Als das Faß endlich leer und die Flaschen gefüllt waren, meinte sie, es wäre doch ganz gut, wenn er erst etwas im Felde hülfe; und als er auch damit fertig war, fand sich noch mancherlei im Garten zu thun, woran vorher Niemand gedacht hatte. So verging Woche um Woche, und jedwede Nacht träumte sie von ihm. Am Abend aber saß sie mit ihm in der Laube vor dem Haus, und wenn er erzählte, wie es ihm weh und übel unter den fremden Leuten ergangen sei, kam ihr immer eine Schnake in's Auge oder ein Haar, so daß sie sich die Augen mit der Schürze reiben mußte.

Und nach einem Jahr war der Handwerksbursche immer noch im Hause; und alles war gescheuert, weißer Sand in allen Zimmern gestreut und darauf kleine grüne Tannenzweige, und das ganze Dorf hielt Feiertag. Denn der junge Handwerksbursche hielt Hochzeit mit dem Kronenwirthskind, und alle Leute freuten sich; und wer sich nicht freute, weil er ein Neidhammel war, der that wenigstens so.

Bald darauf hatte der Kronenwirth auch wieder einmal seine beste Stunde, weil er nämlich rund herum satt war, und saß, die Tabaksdose auf dem Schooß, im Lehnstuhl und schlief. Als er gar nicht wieder aufwachte, wollten sie ihn wecken; da war er todt – mausetodt. Da war nun der junge Handwerksbursche wirklich Kronenwirth, wie er es im Scherze gesagt, und sonst traf alles ein, wie er es unter der Buche geträumt. Denn sehr bald hatte er auch zwei Kinder, und wahrscheinlich nahm er auch einmal das eine von ihnen auf den Schooß und fütterte es und blies dabei auf den Löffel, und sicher fuhr gleichzeitig der andere Knabe mit der Mohrrübe im Zimmer umher, obwohl der, von dem ich diese Geschichte weiß, mir es nicht gesagt hat, und ich es selbst vergessen habe, ihn danach zu fragen.

Aber es wird schon so gewesen sein, weil das, was man unter der Traumbuche träumt, stets auf's Haar eintraf.

Eines Tages nun, es mochten wohl an die vier Jahre seit der Hochzeit verflossen sein, saß der junge Kronenwirth – denn das war er ja jetzt – auch einmal in der Wirthsstube. Da kam seine Frau herein, stellte sich vor ihn und sagte: »Denke dir, gestern unter Mittag ist einer von unsern Mähern unter der Traumbuche eingeschlafen und hat nicht daran gedacht. Weißt du, was er geträumt hat? Er hat geträumt, er wäre steinreich. Und wer ist's? Der alte Kaspar, der so dumm ist, daß er Einen dauert, und den wir nur noch aus Mitleid behalten. Was der wohl mit dem vielen Geld anfangen wird?«

Da lachte der Mann und sagte: »Wie kannst du nur an das dumme Zeug glauben, und bist sonst eine so kluge Frau? Überlege dir doch selbst, ob ein Baum, und wenn er noch so schön und alt ist, die Zukunft wissen kann.«

Da sah die Frau ihren Mann mit großen Augen an, schüttelte den

Kopf und sprach ernsthaft: »Mann, versündige dich nicht! Über solche Dinge soll man nicht scherzen!«

»Ich scherze nicht, Frau!« erwiderte der Mann. Darauf schwieg die Frau wieder eine Weile, als wenn sie ihn nicht recht verstünde, und sagte: »Wozu das nur alles ist! Ich dächte, du hättest alle Ursache, dem alten, heiligen Baume dankbar zu sein. Ist nicht alles so eingetroffen, wie du es geträumt?«

Als sie dies gesagt, machte der Mann das freundlichste Gesicht der Welt und entgegnete: »Gott weiß es, daß ich dankbar bin; Gott und dir. Ja, ein schöner Traum war's! Ist mir's doch, als wenn es erst gestern gewesen wäre, so genau erinnere ich mich noch daran. Und doch ist alles noch tausendmal schöner geworden, als ich es geträumt; und du bist auch noch tausendmal lieber und hübscher als die junge Frau, die mir damals im Traume erschienen war.«

Und die Frau sah ihn wieder mit großen Augen an; darauf fuhr er fort: »Was nun aber den Baum anbelangt und den Traum, Herzensschatz, so denke ich: wer gern tanzt, dem ist leicht gepfiffen; und: wie man in den Wald schreit, so schallt es wieder heraus. War es mir die vielen Jahre weh und übel unter den fremden Leuten gegangen, so war's wohl kein Wunder, wenn ich auch einmal von was Lieben träumte.«

»Daß du aber gerade geträumt hast, du würdest mich heiraten!«

»Das hab' ich nie geträumt! Blos eine junge Frau sah ich mit zwei Kindern, und sie war lange nicht so hübsch wie du, und die Kinder auch nicht.«

»Pfui!« erwiderte die Frau. »Willst du mich verleugnen oder den Baum? Hast du mir nicht am ersten Tage wo wir uns sahen – es war schon Abend und draußen in der Laube – hast du mir da nicht gleich gesagt, du hättest geträumt, du würdest mich heiraten und Kronenwirth werden?« Da fiel dem Mann zum ersten Male wieder der

Scherz ein, den er sich damals mit seiner jetzigen Frau erlaubt hatte, und er sagte: »Es kann nichts helfen, liebe Frau! Ich habe wirklich damals nicht von dir geträumt; und wenn ich es gesagt, so war es nur ein Scherz. Du warst so neugierig; da wollte ich dich necken!«

Da brach die Frau in ein heftiges Weinen aus und ging hinaus. Nach einer Weile ging er ihr nach. Sie stand im Hof am Brunnen und weinte immer noch. Er versuchte sie zu trösten, doch vergeblich.

»Du hast mir meine Liebe gestohlen und mich um mein Herz betrogen!« sagte sie. »Ich werde nie wieder froh werden!«

Da fragte er sie, ob sie ihn denn nicht lieb hätte, so lieb wie keinen anderen Menschen auf der Welt, und ob sie nicht zufrieden und glücklich mit einander gelebt hätten, wie Niemand weiter im Dorf. Sie mußte alles zugeben, aber sie blieb traurig wie zuvor, trotz allem Zureden.

Da dachte er: »Laß sie sich ausweinen! Über Nacht kommen andere Gedanken; morgen ist sie die Alte.« Doch er täuschte sich; denn am anderen Morgen weinte die Frau zwar nicht mehr, aber sie war ernst und traurig und ging ihrem Manne aus dem Wege. Jeder Versuch sie zu trösten scheiterte, wie am Abend zuvor. Den größten Theil des Tages saß sie in einer Ecke und grübelte, und wenn ihr Mann hereintrat, schrak sie zusammen.

Als dies mehrere Tage gedauert, ohne daß eine Änderung eintrat, befiel auch ihn eine große Traurigkeit; denn er fürchtete, er hätte die Liebe seiner Frau auf immer verloren. Er ging still im Hause umher und sann auf Abhülfe, doch es wollte ihm nichts einfallen. Da ging er eines Mittags zum Dorfe hinaus und schlenderte durch's Feld. Es war ein heißer Julitag; keine Wolke am Himmel. Die reife Saat wogte wie ein goldner See und die Vögel sangen; doch sein Herz war voller Bekümmerniß. Da sah er von fern die alte Traumbuche stehen: wie eine Königin der Bäume ragte sie hoch in den Himmel hinein. Es kam ihm vor, als wenn sie ihm mit ihren grünen Zweigen zuwinkte und wie eine alte, gute Freundin zu sich riefe. Er ging hin und setzte sich unter sie und dachte an die vergangene Zeit. Fünf Jahre waren ziemlich genau verflossen, seit er als ein armer Teufel zum ersten Male unter ihr geruht und so schön geträumt hatte. Ach so wunderschön! Und der Traum hatte fünf Jahre gedauert. – Und nun? Alles vorbei! Alles vorbei? auf immer? –

Da fing die Buche wieder zu rauschen an, wie vor fünf Jahren, und bewegte ihre mächtigen Zweige. Und wie sie dieselben bewegte, ließ sie wie damals bald hier, bald dort einen feinen glitzernden Sonnenstrahl durchfallen, und bald hier, bald da ein Stückchen blauen Himmel durchscheinen. Da wurde sein Herz stiller, und er schlief ein; denn er hatte vor Sorge die vorhergehenden Nächte nicht geschlafen. Und nicht lange, so träumte er denselben Traum wie vor fünf Jahren, und die Frau am Tisch und die spielenden Kinder hatten die alten, lieben Gesichter von seiner Frau und von seinen Kindern. Und die Frau sah ihn so freundlich an – ach so freundlich!

Da wachte er auf, und als er sah, daß es nur ein Traum war, ward er noch trauriger. Er brach sich einen kleinen grünen Zweig ab von der Buche, ging nach Haus und legte ihn in's Gesangbuch. Als die Frau am nächsten Tage – es war gerade Sonntag – in die Kirche gehen wollte, fiel der Zweig heraus. Da wurde der Mann, der daneben stand, roth, bückte sich und wollte ihn in die Tasche stecken. Doch die Frau sah es und fragte, was es für ein Blatt sei.

»Es ist von der Traumbuche; sie meint es besser mit mir, wie du!« erwiderte der Mann. »Denn als ich gestern draußen war und unter ihr saß, schlief ich ein. Da wollte sie mich wohl trösten; denn mir träumte, du wärest wieder gut und hättest alles vergessen. Aber es ist nicht wahr! Es ist nichts mit der alten guten Buche. Ein schöner herrlicher Baum ist sie schon, aber von der Zukunft weiß sie nichts.«

Da starrte ihn die Frau an, und dann ging es wie ein Sonnenschein über ihr Gesicht: »Mann, hast du das wirklich geträumt?«

»Ja!« entgegnete er fest, und sie merkte, daß es die Wahrheit war; denn er zuckte mit dem Gesicht, weil er nicht weinen wollte.

»Und ich war wirklich deine Frau?«

Als er auch dies bejahte, fiel ihm die Frau um den Hals und küßte ihn so oft, daß er sich ihrer gar nicht erwehren konnte. »Gelobt sei Gott«, sagte sie, »nun ist alles wieder gut! Ich habe dich ja so lieb, – so lieb, wie du es gar nicht weißt! Und ich habe die Tage solche Angst gehabt, ob ich dich denn auch wirklich lieb haben dürfte, und ob mir nicht Gott eigentlich einen anderen Mann bestimmt hatte. Denn mein Herz gestohlen hast du mir doch, du böser Mann, und ein Bischen Betrug war doch dabei! – Ja, gestohlen hast du mir's; aber nun weiß ich doch, daß es dir nichts geholfen hat, und daß es auch ohnedem so gekommen wäre.« Darauf schwieg sie eine Weile und fuhr dann fort: »Nicht wahr, du sprichst nie wieder schlecht von der Traumbuche?«

»Nein, niemals; denn ich glaube an sie; vielleicht etwas anders wie du, aber darum doch nicht weniger fest. Verlaß dich darauf! Und den Zweig wollen wir vorn in's Gesangbuch heften, damit er nicht verloren geht.« –

Ein Traum von Iwan Turgenjew

Ich lebte um jene Zeit mit meinem Mütterchen in einer kleinen Seestadt. Ich war eben siebzehn Jahre alt geworden, meine Mutter war aber noch nicht fünfunddreißig; sie hatte sehr jung geheiratet. Mein Vater starb, als ich gerade sechs Jahre alt war; aber ich konnte mich seiner noch genau erinnern. Mütterchen war eine kleine, blonde Frau mit einem schönen, doch ewig traurigen Gesicht, mit einer stillen, matten Stimme und schüchternen Bewegungen. In ihrer Jugend war sie als eine Schönheit berühmt, und sie blieb bis an ihr Ende anziehend und anmutig. Ich habe nie tiefere, zartere und traurigere Augen, weichere und feinere Haare, nie vornehmere Hände gesehen. Ich vergötterte sie, und sie liebte mich . . . Doch unser Leben ging freudlos dahin: es war, als ob ein geheimer, unheilbarer und unverdienter Kummer beständig an den Wurzeln ihres Lebens nagte. Diesen Kummer konnte ich nicht nur mit der Trauer um meinen Vater erklären, so groß diese Trauer auch war, so heiß sie meinen Vater auch geliebt hatte, so heilig sie auch sein Andenken hielt . . . Nein, hier war noch etwas verborgen, was ich nicht wußte, was ich aber unbestimmt doch stark fühlte, sooft ich in ihre stillen, unbeweglichen Augen oder auf ihre schönen, gleichfalls unbeweglichen Lippen, die nicht in Verbitterung zusammengepreßt, aber gleichsam für ewig erstarrt waren, blickte.

Ich sagte eben, daß meine Mutter mich liebte; es gab aber auch Augenblicke, wo sie mich von sich stieß, wo ihr meine Gegenwart lästig und unerträglich war. Sie schien dann einen unwillkürlichen Ekel vor mir zu empfinden – nachher erschrak sie selbst darüber, bat mich unter Tränen um Verzeihung und drückte mich an ihr Herz. Ich schrieb diese Ausbrüche von Haß ihrer zerrütteten Gesundheit und ihrem Unglück zu . . . Diese feindseligen Gefühle wären allerdings auch mit den seltsamen, mir selbst unbegreiflichen, bösen und verbrecherischen Regungen zu erklären gewesen, die sich manchmal in mir regten . . . Doch solche Anwandlungen fielen nicht mit den Augenblicken ihres Hasses zusammen. – Mütterchen kleidete sich immer in Schwarz. Wir lebten auf ziemlich großem Fuße, obwohl wir fast keine Bekannten hatten.

Mütterchen hatte alle ihre Gedanken und Sorgen ständig auf mich gerichtet. Ihr Leben floß mit dem meinigen zusammen. Solche Beziehungen zwischen Eltern und Kindern sind für die Kinder nicht immer nützlich ... eher sind sie schädlich. Außerdem war ich das einzige Kind meiner Mutter, und einzige Kinder entwickeln sich meistens höchst ungleichmäßig. Bei ihrer Erziehung sind die Eltern gewöhnlich ebensosehr um sich selbst als um die Kinder besorgt ... Und das kann unmöglich gut sein. Ich war weder verzogen noch verbittert (beides kommt bei einzigen Kindern vor); doch meine Nerven waren schon im frühen Alter zerrüttet; auch war ich von schwacher Gesundheit, wie die Mutter, der ich auch sonst nachgeraten war. Ich mied die Gesellschaft meiner Altersgenossen und war überhaupt menschenscheu; selbst mit meinem Mütterchen sprach ich sehr wenig. Am meisten liebte ich es, zu lesen, allein spazierenzugehen und zu träumen, zu träumen! Was der Inhalt meiner Träume war, kann ich kaum sagen: ich hatte manchmal wirklich das Gefühl, als ob ich vor einer halbverschlossenen Türe, hinter der ein Geheimnis verborgen wäre, stände, und wartete, und die Schwelle nicht zu überschreiten wagte, und immer grübelte, was sich hinter der Türe befände – und ich wartete und wartete – oder schlief ein. Wenn in mir eine poetische Ader wäre, so hätte ich gewiß angefangen, Verse zu machen; wenn ich eine Neigung zur Religiosität verspürte, so wäre ich vielleicht Mönch geworden; aber weder das eine noch das andere war bei mir der Fall – und so fuhr ich fort, zu träumen – und zu warten.

Ich erwähnte soeben, daß ich zuweilen unter Einwirkung von verworrenen Gedanken und Träumereien einschlief. Ich schlief überhaupt viel, und Träume spielten in meinem Leben eine große Rolle; fast jede Nacht hatte ich Träume. Ich vergaß sie nie, ich maß ihnen große Bedeutung zu, ich hielt sie für Vorbedeutungen und suchte sie mir auszulegen; einige Träume kehrten von Zeit zu Zeit wieder, was mir immer wunderbar und seltsam erschien. Besonders beunruhigte mich ein Traum: Mir träumte, ich ginge durch die schmale, schlechtgepflasterte Gasse einer alten Stadt, zwischen vielstöckigen Häusern mit spitzen Dächern. Ich suchte meinen Vater, der gar nicht gestorben war, sondern sich aus irgendeinem Grunde vor uns verborgen hielt und in einem dieser Häuser wohnte. Und ich trete in ein dunkles, niedriges Tor, durchschreite einen langen, mit Brettern und Balken angefüllten Hof und gelange schließlich in ein kleines Zimmer mit zwei runden Fenstern. Mitten in diesem Zimmer steht mein Vater in einem Schlafrocke und raucht eine Pfeife. Er sieht ganz anders als mein wirklicher Vater aus: er ist schlank, hager, schwarzhaarig, hat eine Hakennase, mürrische, durchdringende Augen; er mag etwa vierzigjährig sein. Er ist sehr unzufrieden, daß ich ihn aufgefunden habe; auch ich freue mich gar nicht über diese Begegnung und stehe unentschlossen da. Er wendet sich etwas ab, beginnt etwas zu brummen und mit kleinen Schritten auf und ab zu gehen . . . Dann entfernt er sich allmählich von mir, immer noch brummend, und blickt immerfort über die Achsel nach mir zurück; das Zimmer erweitert sich und verschwindet im Nebel . . . Plötzlich wird mir ängstlich beim Gedanken, daß ich meinen Vater wieder verliere; ich stürze ihm nach – sehe ihn aber nicht mehr – und höre nur noch sein böses Brummen . . . Mein Herz steht still – ich erwache und kann lange nicht wieder einschlafen . . . Den ganzen folgenden Tag denke ich an diesen Traum und kann ihn mir selbstverständlich nicht erklären.

Im Juni belebte sich das Städtchen, in dem ich mit meiner Mutter wohnte, ganz außerordentlich. Zahllose Schiffe liefen im Hafen ein; zahllose neue Gesichter tauchten auf den Straßen auf. Ich liebte es, um diese Zeit auf den Quais, vor den Kaffeehäusern und Gasthöfen herumzuirren, die verschiedenen Matrosen und andere Menschen zu beobachten, die unter leinenen Sonnendächern vor kleinen, weißen Tischen saßen und aus Zinnkrügen Bier tranken.

Als ich so einmal an einem Kaffeehaus vorüberging, erblickte ich einen Mann, der sofort meine ganze Aufmerksamkeit fesselte. Mit einem langen, schwarzen Kittel bekleidet, den Strohhut tief ins Gesicht gedrückt, saß er ganz unbeweglich mit gekreuzten Armen. Dünne, schwarze Locken hingen ihm fast bis an die Nase herab; die schmalen Lippen hielten das Mundstück einer kurzen Pfeife umpreßt. Dieser Mann kam mir so bekannt vor; jeder Zug seines gelben Gesichtes und seine ganze Erscheinung war dermaßen in meinem Gedächtnis eingeprägt, daß ich nicht umhin konnte, vor ihm stehenzubleiben und mir die Frage vorzulegen: wer ist er, wo habe ich ihn schon gesehen? Da er wohl meinen unverwandten Blick auf sich ruhen fühlte, richtete er seine schwarzen, stechenden Augen auf mich . . . Ich schrie unwillkürlich auf . . .

Dieser Mann war jener Vater, den ich suchte, den ich im Traume gesehen hatte!

Ein Irrtum war ganz ausgeschlossen – die Ähnlichkeit war zu auffallend. Selbst der langschößige, schwarze Kittel, der seine hageren Glieder umhüllte, erinnerte in seiner Farbe und Form an den Schlafrock, in dem mir mein Vater erschienen war. »Schlafe ich denn nicht?« fragte ich mich . . . Nein . . . Jetzt ist ja Tag, ringsum lärmt die Menge, am blauen Himmel strahlt die Sonne, und vor mir ist kein Gespenst, sondern ein lebendiger Mensch. Ich trat an ein unbesetztes Tischchen, ließ mir einen Krug Bier und eine Zeitung geben und setzte mich in die Nähe dieses rätselhaften Wesens.

Indem ich die Zeitung in der Höhe meines Gesichtes hielt, fuhr ich fort, den Unbekannten mit den Augen zu verschlingen. – Er saß fast bewegungslos da und hob nur selten seinen gesenkten Kopf. Offenbar erwartete er jemand. Ich sah und sah . . . Zuweilen schien es mir, das Ganze sei Einbildung, von Ähnlichkeit sei eigentlich keine Spur, ich hätte mich nur von meiner Einbildungskraft täuschen lassen . . .

Sooft aber jener eine Bewegung machte, auf dem Stuhle ein wenig hin und her rückte oder leicht die Hände hob, schrie ich beinahe wieder auf; denn ich erkannte in ihm wieder meinen »nächtlichen« Vater! – Er bemerkte schließlich meine zudringliche Aufmerksamkeit, blickte zuerst erstaunt, dann ärgerlich zu mir herüber und wollte aufstehen, wobei er seinen kleinen Rohrstock, den er an den Tisch gelehnt hatte, fallen ließ. Ich sprang sofort auf, hob ihn auf und reichte ihn ihm. Ich hatte heftiges Herzklopfen. Er lächelte gezwungen, bedankte sich, näherte sein Gesicht dem meinigen und sah mich mit hochgezogenen Augenbrauen und halboffenem Munde an; ich hatte auf ihn offenbar einen Eindruck gemacht.

»Sie sind sehr höflich, junger Mann«, sagte er mit trockener, scharfer und näselnder Stimme. »Heutzutage ist das eine Seltenheit. Gestatten Sie mir, Ihnen zu der guten Erziehung, die Sie genossen, zu gratulieren.«

Ich weiß nicht mehr, was ich ihm darauf antwortete; aber bald entspann sich zwischen uns ein Gespräch. Ich erfuhr, daß er ein Landsmann von mir und soeben aus Amerika zurückgekehrt sei, wo er viele Jahre gelebt habe und daß er bald wieder dorthin zurückzukehren gedenke. Er nannte sich Baron . . . den Namen konnte ich nicht verstehen. Wie mein »nächtlicher Vater«, so schloß auch er jeden Satz mit einem undeutlichen, innerlichen Brummen. Er wünschte, meinen Namen zu erfahren . . . Als er ihn hörte, schien er sehr verwundert; dann fragte er mich, wie lange ich hier in der Stadt wohne und mit wem. Ich sagte, ich wohne bei meiner Mutter.

»Und Ihr Vater?« – »Mein Vater ist lange tot.« Er erkundigte sich nach dem Vornamen meiner Mutter und lachte dabei gezwungen auf; dann entschuldigte er sich und sagte, es sei eine üble amerikanische Angewohnheit, wie er auch sonst ein großer Sonderling sei. Schließlich fragte er mich nach unserer Adresse. Ich gab sie ihm.

Die Erregung, die sich meiner im Anfang unseres Gesprächs bemächtigt hatte, legte sich allmählich; ich fand diese so rasch geschlossene Bekanntschaft etwas eigentümlich, und das war alles. Mir mißfiel das Lächeln, mit dem der Herr Baron seine Fragen stellte; mir mißfiel auch der Ausdruck seiner Augen, wenn er mich mit ihnen gleichsam durchbohrte ... In diesen Augen lag etwas Raubgieriges und zugleich Herablassendes ... etwas Unheimliches. Diese Augen hatte ich in meinen Träumen nicht gesehen. Seltsam war das Gesicht des Barons! Welk, müde, abgespannt und zugleich jugendlich, unangenehm jugendlich. Auch hatte mein »nächtlicher Vater« nicht jene tiefe Schramme, die bei meinem neuen Bekannten über die Stirne lief und die ich erst dann bemerkte, als ich mich ihm mehr genähert hatte.

Kaum hatte ich dem Baron den Namen der Straße und die Hausnummer unserer Wohnung mitgeteilt, als ein hochgewachsener Mohr, bis an die Augen in einen Mantel gehüllt, von hinten an ihn herantrat und ihm leise auf die Schulter klopfte. Der Baron wandte sich um und sagte: »Aha! Endlich!« Dann nickte er mir mit dem Kopfe zu und begab sich mit dem Mohren ins Innere des Kaffeehauses. Ich blieb allein draußen sitzen; ich wollte das Fortgehen des Barons abwarten, nicht um ihn wieder anzusprechen – (ich wußte eigentlich nicht, worüber ich noch mit ihm hätte sprechen können) –, sondern um meine ersten Eindrücke nachzuprüfen. – Es verging aber eine halbe Stunde, eine ganze Stunde – der Baron zeigte sich nicht wieder. – Ich ging ins Kaffeehaus, lief durch alle Räume, fand aber nirgends weder den Baron noch den Mohren ... Die beiden waren wohl durch eine Hintertüre fortgegangen. Mir schmerzte ein wenig der Kopf; um mich zu erholen, machte ich einen kleinen Spaziergang am Meeresstrande entlang bis zu dem großen Parke, der vor etwa zweihundert Jahren angelegt worden war. Nachdem ich gegen zwei Stunden im Schatten der riesengroßen Eichen und Platanen herumgewandert war, kehrte ich nach Hause zurück. Sobald ich in unser Vorzimmer trat, stürzte mir unser Dienstmädchen ganz außer sich entgegen. Ich erriet sofort aus ihrem Gesichtsausdrucke, daß zu Hause während meiner Abwesenheit etwas Schlimmes vorgefallen war. Ich erfuhr auch wirklich, daß vor einer Stunde aus dem Schlafzimmer meiner Mutter ein gellender Schrei erklungen war; das herbeigeeilte Dienstmädchen hatte sie in tiefer Ohnmacht auf dem Boden liegend gefunden. Als meine Mutter zu sich kam, sah sie ganz erschrocken und verstört aus und mußte sich zu Bette legen; sie sprach kein Wort, beantwortete keine Fragen, sah sich immer erregt um und zitterte. Das Mädchen schickte den Gärtner nach einem Arzt. Der Arzt kam und verschrieb ihr ein Beruhigungsmittel; doch wollte meine Mutter auch ihm nichts sagen. Der Gärtner behauptete, er hätte einige Augenblicke nach dem Aufschreien meiner Mutter einen unbekannten Mann gesehen, der über die Gartenbeete zum Tor gelaufen sei. (Wir bewohnten ein einstöckiges Haus, dessen Fenster nach einem ziemlich großen Garten gingen.) Das Gesicht des Fremden hatte der Gärtner nicht sehen können; er sei aber hager und mit einem niederen Strohhut und einem langschößigen Rock bekleidet gewesen ... »Die Kleidung des Barons!« ging es mir sofort durch den Kopf. Der Gärtner konnte ihn nicht einholen; man hatte ihn auch gleich ins Haus gerufen und nach dem Arzt geschickt. Ich ging zu meiner Mutter hinein. Sie lag auf dem Bette, blasser als das Kissen, auf dem ihr Kopf ruhte. Als sie mich erkannt hatte, lächelte sie matt und streckte mir ihre Hand entgegen. Ich setzte mich zu ihr und begann sie auszufragen; anfangs wich sie meinen Fragen aus; zuletzt gestand sie aber, daß sie etwas gesehen hätte, wovor sie so erschrocken wäre. – »Nein«, sagte sie hastig; »es war niemand hier, aber es schien mir ... es kam mir vor ...« Sie schwieg und bedeckte die Augen mit der Hand. Ich wollte ihr schon sagen, was ich vom Gärtner erfahren hatte; auch über meine Begegnung mit dem Baron wollte ich ihr berichten; aber die Worte erstarben mir, ich weiß nicht warum, auf den Lippen. Ich erlaubte mir jedoch, der Mutter zu bemerken, daß Gespenster am hellen Tag nicht zu erscheinen pflegen ... »Laß mich«, flüsterte sie, »laß mich, bitte quäle mich jetzt nicht. Du wirst es schon einmal erfahren ...« Sie schwieg wieder. Ihre Hände waren kalt; der Puls ging schnell und ungleichmäßig. Ich gab ihr die Arznei ein und trat ein wenig zur Seite, um sie nicht zu beunruhigen. Sie blieb den ganzen Tag im Bette, sie lag still und unbeweglich da, seufzte nur zuweilen tief und öffnete erschrocken die Augen. Wir alle waren ganz ratlos.

Gegen Abend bekam meine Mutter ein leichtes Fieber und schickte mich fort. Ich ging aber nicht in mein Zimmer, sondern legte mich im Nebenzimmer auf den Diwan und trat jede Viertelstunde auf den Fußspitzen an ihre Türe, um zu horchen ... Alles blieb still; ich glaube aber kaum, daß meine Mutter in dieser Nacht ein Auge zugemacht hat. Als ich am frühen Morgen zu ihr hineinging, schien ihr Gesicht erhitzt, und ihre Augen hatten einen unnatürlichen Glanz. Im Laufe des Tages fühlte sie sich etwas besser; doch gegen Abend bekam sie wieder Fieber. Bis dahin hatte sie hartnäckig geschwiegen; nun begann sie mit hastiger, ungleichmäßiger Stimme zu erzählen. Sie phantasierte nicht; ihre Worte hatten einen Sinn, aber keinen Zusammenhang. Kurz vor Mitternacht richtete sie sich mit einem krampfhaften Ruck im Bette auf (ich saß neben ihr) und begann mit hastiger Stimme zu erzählen, wobei sie unaufhörlich schluckweise Wasser trank, matte Bewegungen mit den Händen machte, mich aber kein einziges Mal ansah. Sie machte Pausen, gab sich dann wieder einen Ruck und fuhr von neuem fort ... Dies alles war so sonderbar, als ob sie es im Schlafe täte, als ob sie selbst dabei nicht zugegen wäre, als ob ein anderer aus ihrem Munde spräche oder sie zu sprechen zwänge.

»Höre, was ich dir erzählen werde«, begann sie. »Du bist ja kein Kind mehr und mußt alles wissen. Ich hatte einst eine gute Freundin . . . Sie heiratete einen Mann, den sie von ganzem Herzen liebte, und sie war mit ihm sehr glücklich. Noch im ersten Jahre ihrer Ehe reisten sie in die Hauptstadt, um dort einige Wochen zu verleben und sich zu amüsieren. Sie stiegen in einem guten Gasthofe ab und gingen viel ins Theater und in Gesellschaft. Meine Freundin war schön und fiel allen auf; die jungen Leute machten ihr den Hof; unter ihnen war aber einer, ein Offizier. Er verfolgte sie auf Schritt und Tritt, und wo sie auch war – überall sah sie seine schwarzen, bösen Augen. Er ließ sich ihr nicht vorstellen und sprach niemals mit ihr – er sah sie aber immer so sonderbar frech an. Alle Vergnügungen der Hauptstadt waren für sie durch seine Gegenwart vergällt; sie bat ihren Mann, so bald als möglich abzureisen – und sie machten sich reisefertig. Eines Abends begab sich ihr Mann in einen Klub; einige Offiziere vom gleichen Regiment wie jener hatten ihn zum Kartenspiel eingeladen . . . Sie blieb zum ersten Mal allein. Der Mann blieb lange aus; sie entließ ihr Mädchen und begab sich zu Bett . . . Da überkam sie plötzlich ein beklemmendes Gefühl, so daß sie ganz kalt wurde und schauderte. Es war ihr, als ob sie ein leises Geräusch hinter der Wand – wie das Scharren eines Hundes – hörte, und sie richtete ihren Blick auf die Wand. In der Ecke brannte ein Lämpchen; das ganze Zimmer war mit Stofftapeten ausgeschlagen . . . Plötzlich bewegte sich etwas; der Wandbehang hob sich . . . Und aus der Wand heraus trat schwarz und lang jener unheimliche Mensch mit den bösen Augen! Sie wollte aufschreien und konnte es nicht. Sie war ganz gelähmt vor Angst. Er ging schnell wie ein Raubtier auf sie zu, warf ihr etwas über den Kopf, etwas Schwüles, Schweres, Weißes . . . Was weiter geschah, weiß ich nicht . . . weiß ich nicht! Es war wie der Tod, wie ein Mord . . . Als sich dieser schreckliche Nebel endlich verzog, als ich . . . als meine

Freundin zu sich kam, war niemand im Zimmer. Sie konnte noch lange nicht schreien, und als sie endlich aufschrie, verlor sie gleich wieder die Besinnung . . .

Später sah sie ihren Mann neben sich, den man bis zwei Uhr nachts im Klub aufgehalten hatte . . . Er war ganz blaß vor Schreck. Er begann sie auszufragen; aber sie sagte nichts . . . Dann wurde sie krank . . . Doch ich erinnere mich: als sie einmal allein im Zimmer war, untersuchte sie jene Stelle an der Wand . . . Unter der Stofftapete fand sie eine Geheimtüre. Sie hatte ihren Trauring verloren. Dieser Ring war von ungewöhnlicher Form: Sieben goldene Sterne wechselten auf ihm mit sieben silbernen Sternen ab; es war ein alter Familienschmuck. Der Mann fragte sie, was mit dem Ring geschehen sei; sie konnte ihm aber keine Antwort geben. Der Mann glaubte, sie hätte ihn irgendwo fallen lassen, und suchte überall, fand ihn aber nicht. Auch ihn ergriff Unruhe; er beschloß, so schnell als möglich nach Hause zu reisen, und sobald der Arzt es erlaubte, verließen sie die Hauptstadt . . . Aber denke dir nur! Am Tage ihrer Abreise stießen sie auf der Straße auf eine Tragbahre . . . Und auf dieser Bahre lag ein eben ermordeter Mann mit gespaltenem Schädel – denke dir nur! –, es war jener nächtliche Gast mit den bösen Augen . . . Man hatte ihn beim Kartenspiel erschlagen!

Dann reiste meine Freundin aufs Land . . . sie wurde zum erstenmal Mutter . . . und lebte noch einige Jahre mit ihrem Mann. Er erfuhr niemals etwas; was hätte sie ihm auch erzählen können? Sie wußte ja selbst nichts.

Doch das frühere Glück war verschwunden. Das Leben der Ehegatten wurde finster, und diese Finsternis hellte sich nie wieder auf . . . Weitere Kinder bekamen sie nicht, und dieser Sohn . . .«

Mütterchen erbebte am ganzen Körper und bedeckte das Gesicht mit den Händen . . .

»Aber sag mir jetzt«, fuhr sie mit verdoppelter Kraft fort, »hat meine Freundin etwas verbrochen? Was kann sie sich vorwerfen? Sie war hart gestraft; hatte sie aber nicht das Recht, vor Gott selbst zu erklären, daß die Strafe, die sie getroffen, ungerecht und unverdient war? Warum wird sie nun wie eine Verbrecherin von Gewissensbissen gepeinigt, warum erscheint ihr das Vergangene noch jetzt, nach vielen Jahren, so grauenvoll? Macbeth hat Banko ermordet, und es ist ganz natürlich, daß er ihn immer vor sich sieht . . . aber ich . . .«

Hier wurde die Rede meiner Mutter so verworren, daß ich sie nicht mehr verstand . . . Ich zweifelte nicht mehr daran, daß sie phantasierte.

Jeder wird leicht begreifen, welchen erschütternden Eindruck die Erzählung meiner Mutter auf mich machte! Ich hatte gleich beim ersten Wort begriffen, daß sie von sich selbst und nicht von einer Freundin sprach; sie hatte sich ja auch einmal versprochen, und dies bestätigte nur meine Vermutung. Also war dieser Mann, den ich im Traume gesucht und jetzt auch im Wachen gesehen hatte, wirklich mein Vater. Er war nicht ermordet, wie meine Mutter glaubte, sondern nur verwundet . . . Er hatte sie wohl besucht und war, durch ihren Schreck erschreckt, davongelaufen. Plötzlich wurde mir alles klar; das Gefühl der unwillkürlichen Abneigung, welches meine Mutter zuweilen gegen mich empfand, ihr ewiger Gram und unsere Zurückgezogenheit . . . Ich entsinne mich noch, daß mich ein Schwindel erfaßte, daß ich mit beiden Händen nach meinem Kopfe griff, als ob ich ihn festhalten wollte; ich wollte unbedingt, koste es, was es wolle, jenen Mann wieder aufsuchen! Warum? Welchen Zweck sollte das haben? Darüber legte ich mir keine Rechenschaft ab; aber ich mußte ihn aufsuchen, das war mir eine Lebensfrage! Am nächsten Morgen beruhigte sich meine Mutter endlich; das Fieber wich . . . sie schlief ein. Ich überließ sie der Fürsorge der Hausleute und der Dienerschaft und machte mich auf die Suche.

Vor allen Dingen begab ich mich selbstverständlich ins Kaffeehaus, wo ich den Baron zuerst gesehen hatte; aber dort kannte ihn niemand; niemand hatte den zufälligen Gast auch nur bemerkt. Auf den Mohren konnten sich die Wirtsleute wohl besinnen; denn dieser fiel zu sehr in die Augen; aber wer er war und wo er wohnte, wußte niemand. Ich ließ für alle Fälle im Kaffeehaus meine Adresse zurück und begann dann alle Straßen in der Nähe des Hafens, alle Quais und Boulevards der Stadt abzusuchen, sah in alle öffentlichen Lokale hinein, fand aber nichts, was dem Baron oder seinem Begleiter ähnlich sähe! ... Da ich den Namen des Barons nicht verstanden hatte, war es mir auch nicht möglich, bei der Polizei Erkundigungen einzuziehen; ich gab aber einigen Polizeidienern (die mich allerdings erstaunt und mißtrauisch ansahen) unter der Hand zu verstehen, daß sie von mir eine anständige Belohnung bekommen würden, wenn es ihnen gelänge, die Spuren jener zwei Personen, deren Äußeres ich ihnen so genau wie möglich beschrieb, aufzufinden. Nachdem ich auf diese Weise den ganzen Vormittag umhergelaufen war, kehrte ich erschöpft nach Hause zurück. Meine Mutter hatte das Bett verlassen; doch hatte sich zu ihrer gewöhnlichen Trauer etwas Neues hinzugesellt, eine wehmütige Ratlosigkeit, die mir wie ein Messer in das Herz schnitt. Den Abend blieb ich an ihrer Seite. Wir sprachen fast nichts: sie legte Patiencen, und ich sah schweigend in ihre Karten. Sie kam mit keinem Wort auf ihre Erzählung und auf die gestrigen Vorgänge zurück. Es war, als ob wir eine stillschweigende Verabredung getroffen hätten, alle die unheimlichen und seltsamen Vorgänge nicht zu berühren ... Sie bereute anscheinend schon, daß sie sich zu dieser Erzählung hatte hinreißen lassen; vielleicht erinnerte sie sich auch nicht mehr genau, was sie mir alles in ihrem Fieberzustand erzählt hatte, und hoffte, daß ich sie verschonen werde . . . Ich schonte sie auch wirklich, und sie fühlte es; sie wich wie gestern meinen Blicken aus. Ich konnte die ganze Nacht nicht einschlafen. – Draußen erhob sich plötzlich ein furchtbarer Sturm. Der Wind heulte wie toll, die Fensterscheiben dröhnten und klirrten, die ganze Luft war von verzweifeltem Winseln und Schreien erfüllt, als ob sich dort oben etwas zerrisse und mit tollem Weinen über die erschütterten Häuser dahinflöge. Vor Sonnenaufgang schlummerte ich etwas ein . . . plötzlich schien es mir, jemand sei ins Zimmer getreten und hätte mich mit leiser, doch eindringlicher Stimme beim Namen gerufen. Ich hob den Kopf und sah niemand; doch seltsam! ich erschrak nicht nur nicht, ich war eher froh: ich hatte plötzlich die Überzeugung, daß ich jetzt bestimmt mein Ziel erreichen würde. Ich kleidete mich schnell an und ging aus dem Hause.

Der Sturm hatte sich gelegt . . . doch bebte noch ein leiser Nachhall in der Luft. Es war noch sehr früh, und auf den Straßen war noch kein Mensch zu sehen; an vielen Stellen lagen Trümmer von Schornsteinen, Dachziegel, Bretter von zerstörten Zäunen, abgebrochene Baumäste umher . . . »Wie mag es nachts auf dem Meere zugegangen sein?« – Diese Frage kam mir unwillkürlich in den Sinn beim Anblick der Spuren, die der Sturm zurückgelassen hatte. Ich wollte schon nach dem Hafen gehen; aber meine Füße trugen mich, gleichsam einem fremden Willen gehorchend, nach einer anderen Seite. Nach kaum zehn Minuten sah ich mich in einem Stadtteil, in dem ich noch niemals gewesen war. Ich ging nicht schnell, blieb aber auch nie stehen; ich hatte ein ganz eigentümliches Gefühl im Herzen; ich erwartete etwas Ungewöhnliches, Unmögliches und war zugleich überzeugt, daß dieses Ungewöhnliche eintreten werde.

Und nun trat dieses Ungewöhnliche, dieses Unerwartete wirklich ein! Etwa zwanzig Schritte vor mir erblickte ich plötzlich jenen Mohren, der im Kaffeehaus vor meinen Augen den Baron angesprochen hatte. In den gleichen Mantel gehüllt, den ich mir schon damals gemerkt hatte, war er wie aus der Erde geschossen und ging nun, mir den Rücken wendend, mit raschen Schritten auf dem schmalen Trottoir einer krummen Gasse hinab! Ich stürzte ihm sofort nach; aber er verdoppelte die Schritte und bog plötzlich, ohne sich nach mir umzublicken, um die Ecke eines vorspringenden Hauses. Ich erreichte diese Ecke und bog ebenso schnell um sie herum wie der Mohr . . . Welch ein Wunder! Vor mir lag eine lange, schmale, ganz leere Straße; Sie war ganz in trüben, bleiernen Morgennebel getaucht – aber mein Blick konnte bis an ihr Ende dringen, konnte alle ihre Häuser zählen . . . kein lebendes Wesen war zu sehen! Der lange Mohr im Mantel war ebenso schnell verschwunden, wie er aufgetaucht war! Ich wunderte mich . . . aber nur für einen Augenblick. Denn gleich überkam mich ein anderes Gefühl; diese schweigende und gleichsam ausgestorbene Straße, die sich vor meinen Augen hinzog – ich hatte sie erkannt! Es war die Straße meines Traumes. Ich erbebte, ich zuckte zusammen – die Morgenluft war so frisch – und ging sofort, ohne zu schwanken, mit einer gewissen ängstlichen Zuversicht weiter!

Ich fange an, mit den Augen zu suchen . . . Da ist es ja: rechts, mit einer Ecke vorspringend, steht das Haus meines Traumes; da ist auch das altertümliche Tor mit den steinernen Schnörkeln zu beiden Seiten . . . Die Fenster sind allerdings viereckig und nicht rund; aber das ist nicht wichtig . . . Ich klopfe an das Tor, zweimal, dreimal, immer lauter und lauter . . . Das Tor geht langsam, mit schwerem Knarren, gleichsam gähnend auf. Vor mir steht ein junges Dienstmädchen mit zerzaustem Haar und verschlafenen Augen. Sie ist offenbar eben erst aufgewacht. »Wohnt hier der Baron?« frage ich, und meine Blicke durchfliegen den tiefen, engen Hof . . . Es stimmt: da sind auch die Bretter und Balken, die ich im Traume gesehen hatte.

»Nein«, antwortet mir das Mädchen, »der Baron wohnt hier nicht.«

»Unmöglich!«

»Er ist jetzt nicht hier. Er ist gestern abgereist.«

»Wohin?«

»Nach Amerika.«

»Nach Amerika!« wiederholte ich unwillkürlich.

»Er kommt doch noch zurück?«

Das Dienstmädchen sah mich mißtrauisch an.

»Das wissen wir nicht. Vielleicht kommt er auch gar nicht zurück.«

»Hat er lange hier gewohnt?«

»Nein, nur eine Woche. Jetzt ist er ganz fort.«

»Und wie war der Familienname dieses Barons?«

Das Mächen sah mich erstaunt an.

»Wie, Sie kennen seinen Namen nicht? Wir nannten ihn einfach Baron. He, Peter!« rief sie, als sie sah, daß ich vorwärts dringen wollte.

»Komm mal her: ein Fremder ist hier, der alles wissen will.«

Aus dem Haus kam die plumpe Gestalt eines kräftigen Knechtes hervor.

»Was ist los? Was wünschen Sie?« fragte er mich mit heiserer Stimme. Er hörte mich verdrießlich an und wiederholte alles, was schon das Mädchen gesagt hatte.

»Wer wohnt denn hier?« fragte ich.

»Unser Herr.«

»Und wer ist er?«

»Ein Schreiner. In dieser Straße wohnen lauter Schreiner.«

»Kann ich ihn jetzt sprechen?«

»Nein, jetzt nicht; jetzt schläft er.«

»Darf ich ins Haus hinein?«

»Nein, gehen Sie.«

»Kann ich den Herrn vielleicht später sprechen?«

»Warum nicht? Gewiß. Den können Sie immer sprechen . . . Dazu ist er ja Geschäftsmann. Aber jetzt gehen Sie. Es ist zu früh!«

»Nun, und der Mohr?« fragte ich ihn unvermittelt. Der Knecht sah erst mich und dann das Dienstmädchen ganz verständnislos an.

»Was für ein Mohr?« fragte er schließlich. »Gehen Sie, Herr. Sie können später wiederkommen und mit dem Herrn sprechen.«

Ich trat auf die Straße. Das Tor wurde hinter mir schnell und schwer zugeschlagen, diesmal ganz ohne Knarren.

Ich merkte mir genau die Straße und das Haus und ging, aber nicht nach Hause. – Ich empfand etwas wie Enttäuschung. Alles, was ich erlebt hatte, war so seltsam, so ungewöhnlich und hatte doch ein so dummes Ende genommen! Ich war überzeugt, ich war ganz sicher, daß ich in diesem Hause das mir bekannte Zimmer sehen würde, und mitten im Zimmer meinen Vater, den Baron, im Schlafrock und mit einer Pfeife . . . Und statt dessen war der Besitzer des Hauses ein Schreiner, den man nach Belieben aufsuchen durfte, bei dem man vielleicht auch Möbel bestellen konnte . . .

Und mein Vater ist nach Amerika abgereist! Was bleibt mir nun zu tun übrig? . . . Soll ich alles der Mutter erzählen oder die Erinnerungen an diese Begegnung begraben? Ich konnte mich unmöglich mit dem Gedanken abfinden, daß sich an einen solchen übernatürlichen, geheimnisvollen Anfang ein solch sinnloses und gewöhnliches Ende schließen könne! Ich wollte nicht nach Hause zurückkehren und ging ziellos aus der Stadt ins Freie.

Ich ging gesenkten Hauptes, ohne Gedanken, fast ohne Empfindungen, doch ganz in mich gekehrt. – Ein gleichmäßiges, dumpfes und wildes Getöse brachte mich aus dieser Erstarrung. Ich hob den Kopf: die See brauste etwa fünfzig Schritte von mir entfernt. Ich sah, daß ich über den Sand einer Düne ging. Die vom nächtlichen Sturme aufgeregte See war bis zum Horizonte mit weißen Wellenkämmen bedeckt, und die steilen, langen Wogen rollten eine nach der anderen langsam heran und zerschellten am flachen Ufer. Ich trat näher und ging längs der Grenzlinie, welche die Brandung auf dem gelben, gestreiften, mit Fetzen von Seealgen, Muschelscherben, schlangenförmigen Bändern des Riedgrases bedeckten Sand zurückgelassen hatte. Möwen mit spitzen Flügeln kamen mit dem Winde aus ferner, luftiger Ferne, kläglich schreiend, herbeigeflogen, stiegen schneeweiß zum grauen Wolkenhimmel empor, fielen steil herab, sprangen gleichsam von Welle zu Welle und verschwanden, silbernen Funken ähnlich, in den Streifen des wirbelnden Schaumes. Ich bemerkte, daß einzelne Möwen hartnäckig einen großen Stein umkreisten, der einsam inmitten der gleichförmigen Sandfläche lag. Rauhes Riedgras wuchs in unregelmäßigen Büscheln an der einen Seite des Steins, und, wo die verworrenen Stengel aus dem gelben Salzgrund emporstiegen, lag etwas Schwarzes, Längliches, Rundliches, nicht sehr Großes . . . Ich sah genauer hin . . . Irgendein dunkler Gegenstand lag unbeweglich neben dem Steine . . . Er wurde immer deutlicher und bestimmter, je näher ich herankam . . . Ich war nur noch etwa dreißig Schritte vom Steine entfernt . . . Es sind ja die Umrisse eines menschlichen Körpers! Es ist ein Leichnam; es ist ein Ertrunkener, den die Brandung herausgeworfen hat! Ich ging an den Stein heran.

Es war der Leichnam des Barons, meines Vaters! Ich blieb wie angewurzelt stehen. Jetzt erst begriff ich, daß mich seit dem frühen Morgen unbekannte Mächte getrieben hatten, daß ich ganz in ihrer Gewalt war – und einige Augenblicke lang war in meiner Seele nichts als das eintönige, unaufhörliche Brausen der See und die stumme Angst vor dem Schicksal, das mich ergriffen hatte . . .

Er lag auf dem Rücken, etwas zur Seite gekehrt, die linke Hand unter dem Kopfe . . . die rechte unter dem gekrümmten Körper. Die Spitzen der mit hohen Matrosenstiefeln bekleideten Füße waren im zähen Schlamm eingesunken; die kurze, blaue Joppe war ganz mit Salzwasser durchtränkt und noch zugeknöpft; ein rotes Tuch umschlang straff seinen Hals. Das dunkle Gesicht war zum Himmel gekehrt und schien zu lächeln; unter der emporgezogenen Oberlippe sahen die dichten, kleinen Zähne hervor; die trüben Pupillen der halbgeschlossenen Augen stachen nur wenig von dem dunkelgewordenen Weißen ab; die mit Schaumblasen bedeckten und mit Sand beschmutzten Haare fielen zur Erde und ließen die glatte Stirne mit der bläulichen Schramme frei; die schmale Nase stand scharf zwischen den eingefallenen Wangen. Der Sturm der vergangenen Nacht hatte das Seinige besorgt! Er hat sein Amerika nicht wiedergesehen! Der Mensch, der meine Mutter beschimpft und ihr Leben verstümmelt hatte, mein Vater – ja! mein Vater –, ich durfte nicht daran zweifeln –; er lag jetzt hilflos ausgestreckt im Schmutze zu meinen Füßen. Ich hatte das Gefühl befriedigter Rachsucht, empfand auch Mitleid, Ekel und Grauen . . . doppeltes Grauen: vor dem, was ich sah, und vor dem, was vor Jahren geschehen war. All das Böse, Verbrecherische, von dem ich schon sprach, regte sich wieder in mir . . . es drohte mich zu ersticken . . . Aha! dachte ich mir: jetzt weiß ich, warum ich so bin, jetzt weiß ich, von wem ich das Blut habe! Ich stand neben der Leiche und sah und wartete: vielleicht zuckten noch die toten Pupillen, vielleicht öffneten sich noch diese erstarrten Lippen . . . – Nein! Alles blieb regungslos; selbst das Riedgras schien da, wo ihn die Brandung herausgespült hatte, zu ersterben; auch die Möwen waren fortgeflogen, kein einziges Trümmerstück, kein Brett, kein Stück Takel-

werk war zu sehen. Alles war leer . . . nur er – und ich – und die fern-
hin brausende See. Ich blickte mich um: auch hinter mir dieselbe
Öde, bis zum Horizont zog sich eine Kette lebloser Hügel . . . das
war alles! Es war mir peinlich, den Unglücklichen in dieser Einsamkeit, im Uferschlamm als Speise für die Fische und Vögel zurückzu-
lassen; eine innere Stimme sagte mir, daß ich Menschen suchen und
holen müsse, wenn auch nicht zur Hilfe, so doch, um ihn unter ein
schützendes Dach zu bringen. Aber eine unsägliche Angst ergriff
mich plötzlich. Es war mir, als ob dieser tote Mensch wisse, daß ich
hergekommen sei, als ob er selbst diese letzte Begegnung veranlaßt
habe – ich glaubte sogar, jenes unheimliche mir bekannte Brummen
zu hören . . . Ich lief zur Seite . . . und blickte mich noch einmal
um . . . Etwas Glänzendes fiel mir in die Augen und hielt mich zurück. Es war ein goldener Reif an der zurückgeworfenen Hand des
Ertrunkenen . . . Ich erkannte den Trauring meiner Mutter. Ich kann
mich noch erinnern, wie ich mich bezwang, umzukehren, an ihn her-
anzutreten, mich über ihn zu beugen . . . wie klebrig seine kalten Finger waren, wie ich schwer keuchte, die Augen schloß und mit den
Zähnen knirschte, während ich den hartnäckigen Ring vom Finger
abzog . . .

Schließlich habe ich ihn abgezogen, und ich renne, renne davon,
Hals über Kopf – und irgend etwas jagt mir nach, holt mich ein, packt
mich . . .

Alles, was ich durchgemacht und erlebt hatte, war wohl auf meinem
Gesichte zu lesen, als ich nach Hause zurückkehrte. Als ich ins Zimmer der Mutter trat, richtete sie sich plötzlich auf und sah mich so
hartnäckig fragend an, daß ich, nachdem ich ohne Erfolg versucht
hatte, irgendeine harmlose Erklärung vorzubringen, ihr schließlich
schweigend den Ring überreichte. Sie wurde entsetzlich blaß; ihre

Augen öffneten sich ungewöhnlich weit und wurden ebenso leblos wie bei ihm. Sie schrie schwach auf, taumelte, ergriff den Ring, fiel mir halb ohnmächtig an die Brust und bohrte ihre wahnsinnigen, weitgeöffneten Augen in mich. Ich umfaßte sie mit beiden Armen und erzählte ihr stehend, ohne mich zu rühren und ohne Überstürzung mit ruhiger Stimme alles, was ich wußte: von meinem Traum, von der Begegnung und von allem. Sie hörte mich bis zu Ende an, ohne mich auch nur mit einem Worte zu unterbrechen. Ihr Atem ging immer schneller, und plötzlich wurden ihre Augen wieder lebhaft und senkten sich zu Boden. Dann steckte sie sich den Ring auf den Goldfinger, trat etwas zur Seite und holte Mantel und Hut. Ich fragte sie, wohin sie gehen wolle. Sie sah mich verwundert an, wollte antworten; aber die Stimme versagte ihr. Sie zuckte einige Male zusammen, rieb sich die Hände, als ob sie sich erwärmen wollte, und sagte schließlich: »Wir wollen gleich hingehen.«

»Wohin denn, Mütterchen?«

»Wo er liegt . . . ich will sehen . . . ich will ihn erkennen . . . ich werde ihn erkennen . . .«

Ich versuchte es ihr auszureden; aber sie hätte beinahe einen Nervenanfall bekommen. Ich begriff, daß es unmöglich war, sich ihrem Wunsch zu widersetzen, und wir machten uns auf den Weg.

Nun gehe ich wieder über den Dünensand, aber nicht allein. Ich führe meine Mutter am Arme. Die See ist zurückgetreten und ruhiger geworden; aber auch das schwächere Brausen klingt noch drohend und unheilverkündend. Da ist endlich der einsame Stein; da ist auch das Riedgras. – Ich schaue gespannt hin; ich bemühe mich, jenen rundlichen, auf der Erde liegenden Gegenstand zu erspähen – doch ich sehe nichts. Wir kommen näher heran; ich verlangsame unwillkürlich die Schritte. Wo ist denn jenes Schwarze, Unbewegliche? Nur die dunk-

len Stengel des Riedgrases ragen aus dem schon trockenen Sande . . .
Wir treten ganz nahe an den Stein heran . . . Die Leiche ist fort, und
nur auf jener Stelle, wo sie gelegen hatte, ist im Schlamm noch eine
Vertiefung zu sehen, und man kann unterscheiden, wo die Arme und
Beine waren . . . Das Gras ist etwas zerdrückt; da sind auch die
Fußspuren eines Menschen zu erkennen; sie laufen quer über die Dü-
ne und verlieren sich auf dem Kieselboden.

Mütterchen und ich sehen einander an und erschrecken vor dem,
was wir in unseren Augen lesen . . .

Er war doch nicht selbst aufgestanden und fortgegangen?

»Hast du ihn tot gesehen?« fragte die Mutter ganz leise.

Ich nickte nur. Es waren noch nicht drei Stunden vergangen, seit
ich die Leiche des Barons gesehen hatte . . . Jemand hatte sie wohl
entdeckt und weggetragen. – Ich sollte eigentlich feststellen, wer es
getan hatte und was aus ihr geworden war. Aber zuerst mußte ich für
meine Mutter sorgen.

Solange wir auf dem Wege zum verhängnisvollen Orte waren,
schüttelte sie zwar ein Fieberfrost; aber sie beherrschte sich noch. Das
Verschwinden der Leiche traf sie wie ein schweres Unglück. Sie ver-
fiel in einen Starrkrampf. Ich fürchtete um ihren Verstand. Mit großer
Mühe führte ich sie nach Hause. Ich brachte sie wieder ins Bett und
ließ den Arzt kommen; sobald aber die Mutter etwas zur Besinnung
kam, verlangte sie von mir, daß ich mich unverzüglich auf die Suche
nach »jenem Menschen« begäbe. Ich gehorchte. Aber trotz aller Bemühungen entdeckte ich nichts. Ich ging einige Male auf die Polizei,
besuchte alle in der Nähe liegenden Dörfer, erließ einige Annoncen in
den Zeitungen, zog überall Erkundigungen ein – alles war vergebens!
Allerdings wurde mir einmal gemeldet, daß in ein Stranddorf ein
Ertrunkener gebracht worden sei . . . Ich eilte sofort hin; die Leiche
war aber inzwischen beerdigt worden; übrigens glich sie nach dem Si-

gnalement gar nicht dem Baron. Ich stellte fest, auf welchem Schiffe er nach Amerika abgefahren war; zuerst waren alle überzeugt, daß das Schiff während eines Sturmes untergegangen sei; doch einige Monate später ging das Gerücht, daß man es im Hafen von Neuyork gesehen habe. Ich wußte nicht, was ich noch weiter unternehmen sollte, und begann den Mohren, mit dem ich ihn gesehen hatte, zu suchen; ich bot ihm durch die Zeitungen eine nicht unbedeutende Geldsumme an, wenn er sich bei uns melden würde. Einmal kam in meiner Abwesenheit zu uns wirklich ein langer Mohr in einem Mantel . . . Nachdem er aber das Dienstmädchen ausgefragt hatte, ging er eilig fort und kam nicht wieder.

So verlor ich die letzte Spur meines . . . Vaters; so versank er für immer in stummes Dunkel. – Ich sprach mit der Mutter nie wieder von ihm; nur einmal, wie ich mich entsinne, kam sie auf meinen Traum zurück und wunderte sich, warum ich früher niemals seiner erwähnt hatte; sie fügte dann hinzu: »Also war er wirklich . . .«, sprach aber ihren Gedanken nicht zu Ende. Mütterchen war lange Zeit krank, und unser inniges Verhältnis erneuerte sich nach ihrer Genesung nicht wieder. Sie genierte sich vor mir . . . bis an ihr Ende . . . Sie genierte sich buchstäblich. Aber dem war nicht abzuhelfen. Alles gleicht sich aus; selbst Erinnerungen an die traurigsten Familienereignisse verlieren ihre Kraft und ihre Schärfe; wenn aber zwischen zwei einander nahestehenden Personen Befangenheit auftritt, so ist dem nicht abzuhelfen! – Den Traum, der mich so sehr beunruhigt hatte, sah ich nie wieder. Ich »suche« meinen Vater nicht mehr; doch manchmal kommt es mir im Schlafe vor, als hörte ich ein fernes Schluchzen, ein unstillbares, jämmerliches Klagen; es tönt irgendwo hinter einer Mauer, die ich nicht übersteigen kann; es schneidet mir das Herz entzwei: ich weine mit geschlossenen Augen und kann unmöglich begreifen, was das ist: ob das Stöhnen eines lebenden Menschen oder das gedehnte, wilde Heulen der bewegten See? Die Töne gehen wieder in ein tierisches Brummen über – und mit tiefem Weh und Grauen im Herzen wache ich auf.

Schlafen im Dienst der Wissenschaft

So arbeitet das Schlaflabor
Vergleichsdaten sammeln und auswerten
Hilfe für Schlafgestörte
Teure Forschung
Was es für die Wissenschaftler noch zu erforschen gibt

> Es ist doch wirklich wahr,
> daß, wo die heit're Ruhe gestört ist,
> die Harmonie des Lebens nicht
> mehr rein und voll erklingt.
> *Wilhelm von Humboldt (1769–1859)*

Seitdem der gesunde Schlaf – oder vielmehr dessen Fehlen – für viele Menschen zu einem existenzbedrohenden Problem geworden ist, sind sie wie Pilze aus dem Boden geschossen: die Forschungsstätten, in denen der Schlaf und der Traum mit modernen wissenschaftlichen Methoden untersucht werden. Gleichgültig, ob sie in München, Würzburg, London, New York oder Moskau stehen, im Prinzip sehen alle diese Einrichtungen gleich aus.

Ein behaglich eingerichtetes Schlafzimmer, das gegen alle Störungen von außen gut abgeschirmt ist, und die mit komplizierten Apparaten ausgestattete Kommandozentrale bilden das Herz des Schlaflabors, das häufig einer Universität angeschlossen ist. Vor jedem Versuch müssen die Testpersonen, die im Dienst der Wissenschaft schlafen, einen langen Fragebogen über ihren Gesundheitszustand und ihre Schlafgewohnheiten ausfüllen. Obwohl nur kerngesunde Männer und Frauen ausgewählt werden, erfolgt vor jedem Test noch einmal eine gründliche ärztliche Untersuchung. Auch während des ganzen Experiments ist die medizinische Überwachung gewährleistet. Erst jetzt darf der Proband in das Bett schlüpfen, in dem er mindestens fünf, manchmal aber auch bis zu dreißig Nächte verbringen wird.

Am Kopf und am Körper der Testperson werden bis zu zwei Dutzend kleine Silberplättchen – Elektroden – angebracht, die durch lange Kabel mit der Kommandozentrale im Nebenzimmer verbunden sind. Dieser gebündelte »Kabelsalat« wird so ausgelegt, daß sich der Schläfer nicht behindert fühlt. Gefahrlos kann er auch schlafwandelnd im Zimmer auf und ab gehen.

Mit der Präzision einer Schweizer Uhr zeichnen die einzelnen Meßgeräte während der ganzen Nacht die Hirnströme, den Herzschlag, die Augenbewegungen und die Veränderungen des Hautwiderstandes auf. Ein dünner Gummischlauch rund um den Brustkorb der Versuchsperson mißt die Atmung, jedes Heben und Senken der Brust.

So gehen in jeder Nacht unzählige Daten und Meßwerte in der Schaltzentrale ein, die in Form von Kurven auf endlosen Papierrollen festgehalten werden. Innerhalb von zehn Nächten kommen fünftausend Meter Papierbahnen zusammen, aus denen der Fachmann den genauen Verlauf des Schlafs mit all seinen Schwankungen ablesen kann.

Doch wer im Namen der Forschung schläft, muß es sich gefallen lassen, immer wieder einmal geweckt zu werden – etwa, wenn die Meßgeräte das Ende einer Traumphase ankündigen. Durch das Telefon neben ihrem Bett schildert die Versuchsperson dem diensthabenden Arzt im Nebenzimmer ihre Träume, bevor sie durch den Verdrängungsmechanismus gelöscht werden.

Die Auswertung der Daten ist eine äußerst zeitaufwendige Angelegenheit. Aber auf diese Weise sammeln die Wissenschaftler umfangreiches Basismaterial, das später zum Vergleich mit dem Verhalten schlafgestörter Menschen herangezogen werden kann. Denn auch sie kommen in das Schlaflabor – Männer, Frauen und Kinder mit erheblichen Einschlaf- und Durchschlafstörungen. Die Fachleute bemühen sich dann, die Ursachen dieser Störungen zu ermitteln, damit sie später gezielt behandelt oder ausgeschaltet werden können.

Für die Schlafforscher gibt es noch viel zu tun. Sie bemühen sich nicht nur um eine genauere Definition dieses Zustands, der dem einen Sorgen bereitet und dem anderen Erquickung schenkt, sondern versuchen beispielsweise auch, die Zusammenhänge zwischen Depressionen und Schlafstörungen zu erforschen.

Diese aufwendige wissenschaftliche Arbeit kostet viel Geld – pro Bett und Jahr rund 100 000 Mark. Aber die Experten sind sich einig: Der Aufwand lohnt sich, denn schließlich geht es bei unserer Arbeit um eine Himmelsgabe, um den erholsamen Schlaf.

Inhalt

Psychologische Ratgeber

George R. Bach /
Herb Goldberg
**Keine Angst vor
Aggression**
Die Kunst der
Selbstbehauptung
Band 3314

George R. Bach /
Peter Wyden
Streiten verbindet
Spielregeln für
Liebe und Ehe
Band 3321

Christian Büttner (Hg.)
**Spielerfahrungen
mit Kindern**
Sinnvolles Lernen
oder pädagogischer
Trick?
Band 3350

Katharina Dalton
**Mütter nach
der Geburt**
Wege aus
der Depression
Band 10955

Dorothee Ebert (Hg.)
Wer behindert wen?
Eltern behinderter
Kinder und Fachleute
berichten
Band 3349

Ann Faraday
**Deine Träume –
Schlüssel zur
Selbsterkenntnis**
Band 3306

Ingrid Fiala
**Mein Kind, dein Kind,
unser Kind**
Vom Umgang mit den
Problemen in einer
neuen Partnerschaft
Band 3529

Günther Gauß
**Angewandtes
Ganzheits-Training**
Übungen und
Erfahrungen
Band 3537

Günther Gauß
Der Weg zum Selbst
Übungen zur auto-
meditativen Energetik
Band 3536

Liz Greene
Kosmos und Seele
Wege zur Partnerschaft
Ein astro-psycho-
logischer Ratgeber
Band 10748

Werner Gross
Sucht ohne Drogen
Arbeiten, Spielen,
Essen, Lieben …
Band 3531

Wolfgang Hölzle
**Krankheit als
Neubeginn**
Bewußter leben
nach dem Herzinfarkt
Band 3360

Fischer Taschenbuch Verlag

Psychologischer Ratgeber

Gottfried Lutz /
Barbara Künzer-
Riebel (Hg.)
**Nur ein Hauch
von Leben**
Eltern berichten vom
Tod ihres Babys und
von der Zeit der Trauer
Band 10616

Else Müller
**Du spürst unter
deinen Füßen das Gras**
Autogenes Training
in Phantasie- und
Märchenreisen
Vorlesegeschichten
Band 3325

**Auf der Silberlicht-
straße des Mondes**
Autogenes Training
mit Märchen zum
Entspannen und
Träumen
Band 3363

Steffen-Luis
Neuendorff /
Jürgen Schiel
**AL-Anon: Selbsthilfe
für Angehörige von
Alkoholkranken**
Band 3361

Karl Robert Rosa
**Das ist
Autogenes Training**
Band 3323

Klaus Janikulla-
Schüttler
**Struwwelpeter-ABC
für Erwachsene**
Band 3396

Renate Schwab
**Der Drache im Herzen
des Lebensbaums**
Mit Märchen
meditieren
Band 10163

Reinhart Stalmann
**Guten Tag,
Traurigkeit**
Ein psychologisches
Brevier über den
Umgang mit sich
selber und anderen
Band 3242

Psychosomatik
Ein Therapeut erklärt
Fälle aus der Praxis
Band 3332

Sven Wahlroos
**Familienglück
kann jeder lernen**
Band 3302

Fischer Taschenbuch Verlag

Psychologie

Eine Auswahl

Alexandra Adler
**Individual-
psychologie
Anleitung zur
Praxis**
Band 10131

Robert F. Antoch
**Von der
Kommunikation zur
Kooperation**
Studien zur indivi-
dual-psychologischen
Theorie und Praxis
Band 4618

Charles Brenner
**Grundzüge der
Psychoanalyse**
Band 6309

**Praxis der
Psychoanalyse**
Psychischer Konflikt
und Behandlungs-
technik
Band 6740

Hilde Bruch

Eßstörungen
Zur Psychologie und
Therapie von Überge-
wicht und Magersucht
Band 6796

**Das verhungerte
Selbst**
Gespräche mit
Magersüchtigen
Band 10167

Sándor Ferenczi
**Schriften zur
Psychoanalyse**
Auswahl
in zwei Bänden
Herausgegeben von
Michael Balint
 I. Band: Bd. 7316
II. Band: Bd. 7317

Bernhard
Handlbauer
**Die Adler-
Freud-Kontroverse**
Band 7425

Jolande Jacobi
**Die Psychologie
von C. G. Jung**
Eine Einführung
in das Gesamtwerk
Band 6365

Russell Jacoby
**Die Verdrängung
der Psychoanalyse**
oder Der Triumph
des Konformismus
Band 10518

C. G. Jung
**Über Grundlagen
der Analytischen
Psychologie**
Die Tavistock
Lectures 1935
Band 6302

Fischer Taschenbuch Verlag

fi 1191 / 3 a

Psychologie

Eine Auswahl

 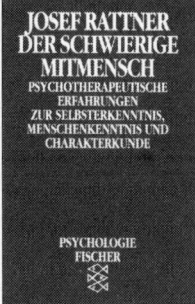 

Fischer Taschenbuch Verlag

fi 1191 / 3 b

Geist und Psyche
Begründet von Nina Kindler 1964

Psychologische Ratgeber

Hellmuth Benesch u.a. (Hg.)
Psychologie-Lesebuch
Band 42310

John Eccles / Hans Zeier
Gehirn und Geist
Band 42225

Gerd Biermann (Hg.)
**Handbuch der
Kinderpsychotherapie**
Band 42299

Viktor E. Frankl
Ärztliche Seelsorge
Band 42157

Leon Chertok
Hypnose
Band 42102

Anna Freud
**Einführung in die
Technik der Kinderanalyse**
Band 42111

Gion Condrau
**Einführung in die
Psychotherapie**
Geschichte, Schulen,
Methoden, Praxis
Ein Lehrbuch
Band 42115

Gesellschaft für
wissenschaftliche
Gesprächstherapie
**Die klientenzentrierte
Gesprächspsychotherapie**
Band 42149

Alexander Dill
Philosophische Praxis
Eine Einführung
Band 42327

Gustav Hans Graber
Pränatale Psychologie
Band 42123

Maurice Dongier
Neurosen
Band 42241

Karen Horney
Selbstanalyse
Band 42119

Fischer Taschenbuch Verlag

Geist und Psyche
Begründet von Nina Kindler 1964

Psychologische Ratgeber

Christa Kniffki
**Transzendentale
Meditation und
autogenes Training**
Band 42197

Aloys Leber /
Hans-Georg Trescher /
Elise Weiss-Zimmer
Krisen im Kindergarten
Psychoanalytische
Beratung in pädagogischen
Institutionen. Band 42315

Michael Lukas Moeller
Anders helfen
Selbsthilfegruppen und
Fachleute arbeiten zusammen
Band 11013

Humberto Nagera (Hg.)
**Psychoanalytische
Grundbegriffe**
Band 42288

Gertrud Orff
Die Orff-Musik-Therapie
Band 42193

Erving und Miriam Polster
Gestalttherapie
Band 42150

Carl R. Rogers
Therapeut und Klient
Band 42250

Partnerschule
Band 42236

Walter J. Schraml
**Das psychodia-
gnostische Gespräch**
Band 42305

Harold Stern
Die Couch
Band 42308

Daniel Widlöcher
**Was eine Kinder-
zeichnung verrät**
Band 42254

Lewis Yablonsky
Psychodrama
Die Lösung emotionaler
Probleme durch Rollenspiel
Band 11012

Hans Zulliger
**Heilende Kräfte
im kindlichen Spiel**
Band 42328

Fischer Taschenbuch Verlag

Der unerschöpfliche
Geschenk- und (Vor-) Leseschatz

In schöner Ausstattung
und mit großer Schrift

Paul Alverdes
Das Hausbuch der Fabeln

Neuausgabe. 404 Seiten mit 55 Abbildungen nach Holzstichen von J. J. Grandville. Geb., DM 32,–. ISBN 3-431-03113-7.

„Der Bogen reicht von indischen Fabeln bis zu Geschichten von Kipling und Supervielle. Für Bücherfreunde ist dieser Band eines der schönsten Geschenke die in letzter Zeit auf den Markt gekommen sind. Ausstattung und Inhalt sind vorzüglich."
Frankfurter Rundschau

Paul Alverdes
Das Hausbuch der Schelmenstreiche

Neuausgabe. 336 Seiten mit 24 farbigen Zeichnungen von Gerhard Oberländer. Geb., DM 32,–. ISBN 3-431-03114-5.

„Scherz und Ernst, Klugheit und Dummheit, List und Witz gehen in den vielschichtigen Erzählungen eine so glückliche Verbindung ein, daß sie ebensoviel Weisheit wie Einfalt enthalten. Die Lektüre wird selbst den hartgesottensten Zeitgenossen zum Schmunzeln bringen." *Kölner Rundschau*

Georg Adolf Narciß
Das Hausbuch der Legenden

Mit einem Vorwort von Gertrud von le Fort.
Neuausgabe. 368 Seiten mit 26 Monotypien von Hilda Sandtner.
Geb., DM 32,–. ISBN 3-431-03115-3.

„Ein Ausschnitt aus dem Legendenreichtum der morgen- wie abendländischen Kulturen. Hundertundzwanzig Legenden – eine knappe, aber prägnante Auswahl aus einem unerschöpflichen Quell." *dpa, Hamburg*

Preisänderungen vorbehalten.

Ehrenwirth Verlag München